学生励志名人馆

文坛泰斗

用文字触动灵魂

主编◎许敏敏

图书在版编目（CIP）数据

文坛泰斗：触用文字角动灵魂 / 许敏敏主编. --长春：东北师范大学出版社，2019.1（2021.6重印）

（学生励志名人馆）

ISBN 978-7-5681-4850-4

Ⅰ.①文… Ⅱ.①许… Ⅲ.①作家-生平事迹-世界-青少年读物 Ⅳ.①K815.6-49

中国版本图书馆CIP数据核字（2018）第188998号

□责任编辑：陈　丹　　□封面设计：蔚蓝风行　睿珩文化
□责任校对：张婷婷　　□责任印制：张允豪

东北师范大学出版社出版发行
长春净月经济开发区金宝街118号（邮政编码：130117）
电话：0431-84568071
网址：http://www.nenup.com
东北师范大学出版社激光照排中心制版
天津久佳雅创印刷有限公司印装
天津市宝坻区牛道口镇产业园区一号路1号
2019年1月第1版　2021年6月第2次印刷
幅面尺寸：170mm×240mm　印张：8　字数：135千

定价：23.80元

前言

文化是一个民族的血脉，是人民的精神家园。人类社会的发展与进步离不开文化的积淀与传承，文化的发展推动着社会文明的全面发展。人类社会的每一次跨越，人类文明的每一次升华，无不镌刻着文化进步的烙印。

文学，是文化的一种重要表现形式，是表述人类情感的工具，代表着一个民族的艺术与智慧。文学家通过优美的语言文字，给世人留下了无数的鸿篇巨制，让人们充分领略到文化的博大精深与文学的无穷魅力。

全世界的文学家如恒河沙数，不胜枚举，大家耳熟能详且最具有代表性的有意大利文艺复兴运动先驱但丁、英国戏剧天才莎士比亚、德国文学巨匠歌德、法国大文豪巴尔扎克和雨果、美国硬汉作家海明威，以及中国第一位诗人屈原、"历史之父"司马迁、唐宋八大家、"红楼梦中人"曹雪芹、文学斗士鲁迅等等，他们才思敏捷、情感丰富、妙笔生花，用优美的文字触动人类的灵魂，他们倾力打造的经典巨著在文化的天空中如繁星般璀璨辉煌，经久不衰，对全世界文学的发展和人类文明的进步产生了巨大的、深远的、不朽的影响。

在本书中，我们用通俗易懂的语言，配以精美的图片，将这些文坛泰斗的成长历程、趣闻轶事、文学成就等做一个简单介绍，旨在引领青少年朋友在学习文化知识的同时，对文学名家、文学巨著有一个大致的了解，以开阔视野、增长知识、陶冶情操、提升素质。

目录 Contents

第一章 外国篇

但丁——意大利文艺复兴运动的先驱 ………… 002

塞万提斯——一个命运多舛的文学巨匠 ………… 004

莎士比亚——最伟大的戏剧天才 ………… 006

约翰·沃尔夫冈·歌德——德国文学巨匠 ………… 008

巴尔扎克——法国绝代文豪 ………… 010

普希金——俄国诗歌的太阳 ………… 012

大仲马和小仲马——父子作家 ………… 014

雨果——法兰西的莎士比亚 ………… 016

安徒生——世界童话之王 ………… 018

凡尔纳——现代科幻小说之父 ………… 020

列夫·托尔斯泰——俄国文学泰斗 ………… 022

马克·吐温——讽刺幽默大师 ………… 024

莫泊桑——世界短篇小说巨匠 ………… 026

萧伯纳——聪明机智的英国文豪 ………… 028

柯南道尔——英国侦探小说之父 ………… 030

泰戈尔——热情正直的印度"诗圣" ………… 032

叶芝——爱尔兰的天鹅 ………… 034

罗曼·罗兰——用音乐进行创作的文学大师 ………… 036

莱蒙特——波兰的左拉 ………… 038

高尔基——无产阶级文学之父 ………… 040

文学能使
心灵的秘密得见光明，
灵魂的伤痛得以疏解，
深藏的悲痛得以释放，
同情得以传达，
经验得以记录，
智慧得以永存。
——约翰·亨利·纽曼

纪德——忠于自己的"背德者" ………… 042

罗素——一泓幽深的智慧之泉 ………… 044

杰克·伦敦——流浪汉文学的鼻祖 ………… 046

海伦·凯勒——播撒爱的盲聋女作家 ………… 048

温赛特——了不起的挪威女性 ………… 050

卡夫卡——异化的天才 ………… 052

奥尼尔——现代戏剧的奠基人 ………… 054

艾略特——走过荒原的传奇 ………… 056

赛珍珠——被遗落的美国"珍珠" ………… 058

福克纳——酒鬼导师 ………… 060

海明威——永不言败的文坛硬汉 ………… 062

川端康成——雪国的苦寂精灵 ………… 064

肖洛霍夫——顿河边的战士 ………… 066

加缪——西西弗斯的预言 ………… 068

马尔克斯——不止百年的孤独 ………… 070

J·K·罗琳——魔法世界的创造者 ………… 072

第二章 中国篇

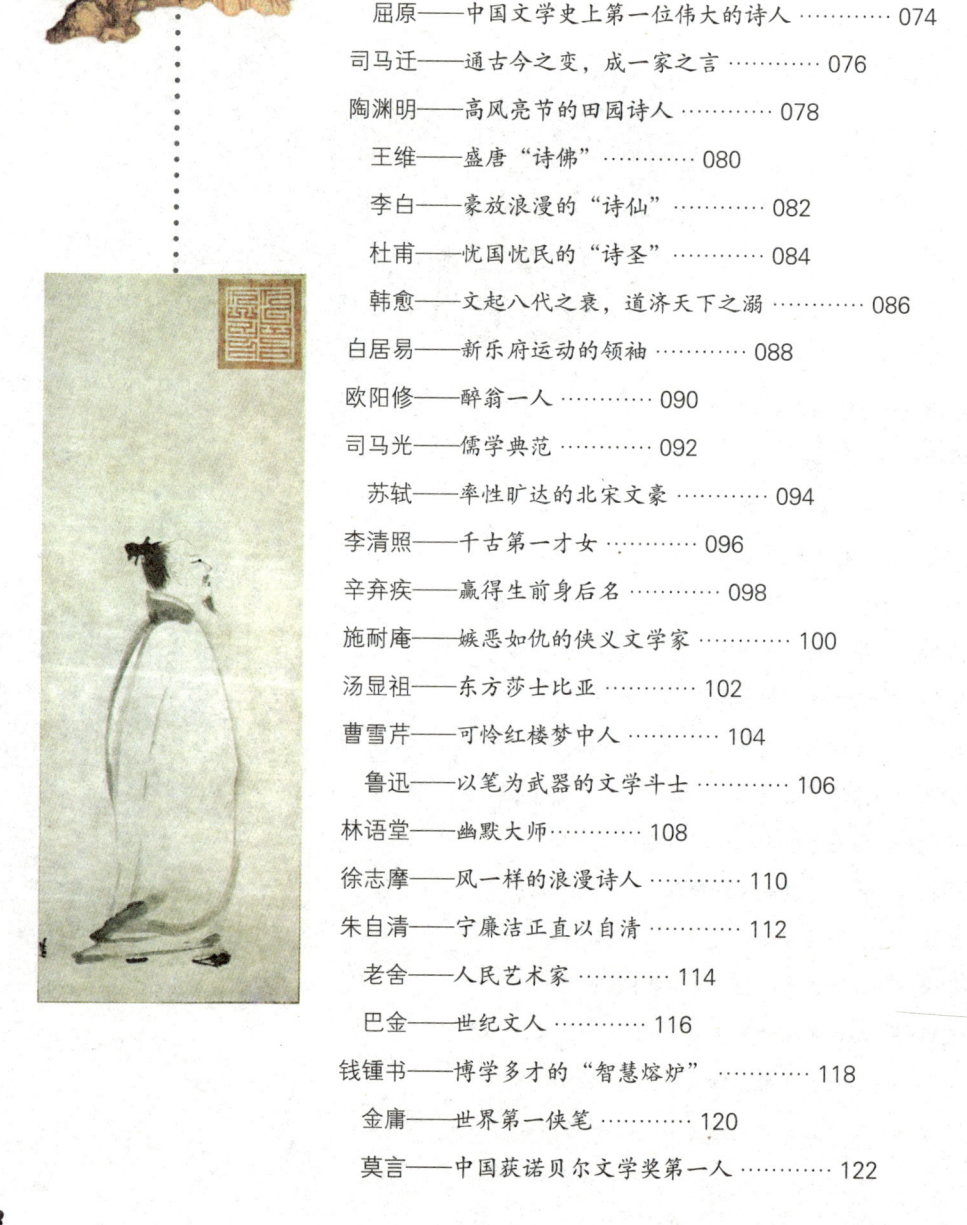

屈原——中国文学史上第一位伟大的诗人 …………074

司马迁——通古今之变，成一家之言 …………076

陶渊明——高风亮节的田园诗人 …………078

王维——盛唐"诗佛" …………080

李白——豪放浪漫的"诗仙" …………082

杜甫——忧国忧民的"诗圣" …………084

韩愈——文起八代之衰，道济天下之溺 …………086

白居易——新乐府运动的领袖 …………088

欧阳修——醉翁一人 …………090

司马光——儒学典范 …………092

苏轼——率性旷达的北宋文豪 …………094

李清照——千古第一才女 …………096

辛弃疾——赢得生前身后名 …………098

施耐庵——嫉恶如仇的侠义文学家 …………100

汤显祖——东方莎士比亚 …………102

曹雪芹——可怜红楼梦中人 …………104

鲁迅——以笔为武器的文学斗士 …………106

林语堂——幽默大师 …………108

徐志摩——风一样的浪漫诗人 …………110

朱自清——宁廉洁正直以自清 …………112

老舍——人民艺术家 …………114

巴金——世纪文人 …………116

钱锺书——博学多才的"智慧熔炉" …………118

金庸——世界第一侠笔 …………120

莫言——中国获诺贝尔文学奖第一人 …………122

Part 1 第一章 外国篇 Foreign article

文学，有着巨大的力量，能使"心灵的秘密得见光明，灵魂的伤痛得以疏解，深藏的悲痛得以释放，同情得以传达，经验得以记录，智慧得以永存"。而这力量的创造者就是德高望重的文坛泰斗。在国外文坛中，有一大批杰出的文学大师，他们宛如一颗颗明珠闪耀于世，以其卓越的成就、高尚的品德和精深的修养而为众人敬仰。

本章选取了 36 位影响巨大的外国文学大师，以晓畅易懂的叙述语言，配以精美的图片和准确精当的图注文字，为读者构建了一个世界文学的理想读本，让读者能够从文中感受文学大师的传奇经历，了解经典名著的诞生过程，领略大师的思想，并从中获得人生的启迪。

但丁——意大利文艺复兴运动的先驱

箴言

走自己的路，让别人去说吧！

○ 但丁（Dante Alighieri，1265—1321），意大利诗人、作家、思想家、文艺复兴运动的先驱，恩格斯称他是"中世纪的最后一位诗人，同时又是新时代的最初一位诗人"。但丁一生著作甚丰，其中最有价值的是《神曲》。除此之外，他还写了《新生》《论俗语》《飨宴》《诗句集》等著作。

■ 因爱情而诞生的《新生》

当但丁还是个孩子的时候（一说其时9岁），他在佛罗伦萨阿尔诺河的旧桥边邂逅了美少女贝阿德丽采，她楚楚动人、亭亭玉立，穿着一袭浅色长裙，手里拿着一枝娇艳的玫瑰花。但丁怔怔地凝视着她，完全被她贞淑优雅的气质所吸引。

随着年龄的增长，但丁对贝阿德丽采的喜爱逐渐成为了爱慕，他经常找机会接近贝阿德丽采，与她谈心，为她写诗。爱情给了但丁神奇的力量，促使他为她写下了一系列脍炙人口的抒情诗篇。

后来，贝阿德丽采迫于父亲的压力，不得不与一位银行家结婚，失恋的但丁心灰意冷，简直对生活失去了希望，整日沉浸在思念带给他的煎熬之中。可怜的贝阿德丽采在婚后4年竟不幸染病早逝，但丁悲痛欲绝，创作了多首情真意切的诗歌悼念亡人，又将自己几年来陆续写给贝阿德丽采的抒情诗收集在一起，用散文串联起来，取名《新生》，结集出版。这些抒情诗风格清新、语言流畅、情感真挚、生动细腻，展示出爱情在诗人心灵深处激起的层层涟漪，热情讴歌了爱情的纯洁与美好。贝阿德丽采永远地走了，带走了但丁的初恋和梦想，给他留下了深切的思念和无尽的哀伤，而这爱恋与忧伤的凝结便是《新生》。几百年过去了，今人读来依然会感受到那真挚而浓烈的爱情。

▶ 意大利诗人但丁雕像

■ 遭流放却不懈创作

但丁在青年时期以激昂的政治热情加入了支持神圣罗马帝国皇帝、代表资产阶级利益的基白林党，投身于反对封建贵族的斗争之中，并成为领袖之一。1302年，罗马教皇击败白党，掌握了政权，开始对白党成员进行清剿。但丁首当其冲，被没收全部家产，并被判处终身流放。1315年，佛罗伦萨被军人占领，掌权者称：如果但丁愿付罚金，并在头上撒灰、颈下挂刀并游街一周，便可免罪返乡。这一无理要求被但丁严词拒绝，他回信说："我绝不会以这样的方式返回故土！如若以我的名誉受损为代价，那我情愿不再踏上佛罗伦萨的土地！"遭流放的但丁从此再也没有回到佛罗伦萨。

但丁在流放期间，身心遭受巨大打击，但他从没放弃斗争，仍然不懈创作，写了《飨宴》《论俗语》《帝制论》《神曲》等著作，其中尤以《神曲》最为著名。

1307—1321年，但丁创作一部博大宏伟、波澜壮阔的史诗巨作——《神曲》。但丁以充满隐喻性、象征性的笔法，全面、客观地反映了14世纪意大利的政治社会现实，深刻地表现了作者的政治主张、哲学思想和道德观念。内容奇而不诡，精微致深，使人如身临其境。

位于圣母百花大教堂的壁画作品《但丁与〈神曲〉》，由著名画家米凯利诺绘制

《神曲》插图

扩展阅读

《神曲》共计14233行，分为《地狱》《炼狱》《天堂》三部分。地狱是罪恶之徒受苦刑的地方，炼狱是忏悔的地方，天堂是享受永恒幸福的地方。但丁描写自己从地狱漫游到天堂，在地狱里看到盗贼、贪官污吏、高利贷者，还有一个位置是给当时还活着的教皇预留的；在炼狱里看到在政治上失势而被排挤的人，但丁希望他们以后升入天堂；在天堂里看到正人君子和贤明的君主。在这部史诗里，但丁不是按教会的标准而是根据自己的爱憎来贬恶扬善，他将恩人、仇人、爱人都写入其中，对教皇揶揄嘲笑，将一生的挚爱贝阿德丽采安排到天堂的最高境界。

《神曲》是中世纪文学的瑰宝、哲学的总汇，闪现出文艺复兴时代人文主义思想的曙光。《神曲》在世界艺术上取得了伟大的成就，把中世纪文学艺术推向一个难以企及的高峰。

塞万提斯——一个命运多舛的文学巨匠

西班牙画家阿吉拉尔（Aguilar）于 1600 年所绘的塞万提斯肖像

箴言

用智慧把倒霉化为生命的财富！

塞万提斯（Miguel de Cervantes Saavedra，1547—1616），西班牙小说家、剧作家、诗人。塞万提斯被誉为西班牙文学世界里最伟大的作家。评论家们称他的小说《堂·吉诃德》是文学史上的第一部现代小说，同时也是世界文学的瑰宝。

■ 时运不济，命运多舛

塞万提斯出生在一个没落的贵族家庭，父亲是位穷困潦倒的医生。他小时候没有受过很好的教育，于1570年参军，曾被俘，身负重伤，左手致残，但屡立战功，还得到了元帅的嘉奖。可是当他拿着元帅的保荐书，做着即将成为将军的美梦时，却在归国途中再次被俘，被卖到阿尔及利亚做了5年苦工。在长达5年的奴隶生活中，塞万提斯曾有一年时间都在计划逃跑，但不是被人告发，就是被抓回，每一次失败后塞万提斯都会遭受鞭挞之苦。

当塞万提斯历尽艰险磨难回到祖国的时候，很不幸，他的国家已经忘记了这位英雄，他连一份最普通的工作都找不到。后来，好不容易在无敌舰队找到一个军需官的职位，却在一次下乡催征中，因不肯为乡绅通融减税，被乡绅诬陷入狱。获释后，他改做税吏。一次他把税款交给一家银行保管，偏偏银行倒闭，倒霉的塞万提斯第二次入狱。出狱后，他贫困交加，生活窘迫，而且家里妻子、妹妹、女儿一帮人都靠他一个人养活。他住的地方环境也十分恶劣：楼下是酒馆，楼上是妓院。一天，酒馆里有人斗殴，一人倒在地上奄奄一息。塞万提斯出于同情把那人背到家里，谁知人未救活，他却因涉嫌谋杀再次入狱。此后，他连遭厄运，妻子撒手人寰，他又因为女儿的事情被法庭传讯。

他就是这么一个两次被俘、三次入狱、命运多舛的倒霉蛋，但恶劣的环境没有淹没他，倒霉的境遇没有击垮他，反而丰富了他的经历，激发了他的斗志。他的智慧是把倒霉当作生命的一个必然结果加以接受并化为生命的财富。凭着自己对生活的反思和西班牙斗牛士的勇敢精神，他写出了名震世界的巨著——《堂·吉诃德》。

倒霉鬼创造的辉煌成就

1605年，《堂·吉诃德》第一部刚出版，便立即风行全国，上至宫廷，下至市井，到处传诵。这部小说虽然未能使塞万提斯彻底摆脱穷困，却为这个极不走运的倒霉鬼赢得了不朽的荣誉。1615年，《堂·吉诃德》第二部出版，更是风靡全球。

塞万提斯以犀利的讽刺笔触和夸张的艺术手法创作出这部鸿篇巨著，洋洋洒洒百万字，塑造人物约700个，在世界文学史上占据着不可撼动的地位。他用喜剧性的手法描写了一个带有悲剧性色彩的人物——堂·吉诃德。堂·吉诃德出身贵族，贫穷落魄，爱好阅读骑士小说，并沉迷其中不能自拔，他企图以理想化的骑士精神改造社会，于是带领自己的侍从桑丘·潘沙，骑着一头瘦驴，头戴破头盔，手执锈迹斑斑的长矛，整日四处奔走，行侠仗义、堂·吉诃德痛恨专横残暴的统治阶级，同情遭受压迫的弱势群体，想要主持正义、除暴安良，但他沉迷于不着边际的幻想之中，脱离实际，执迷不悟，总是用无畏的英雄主义精神代表正义与善良来对待、处理一切问题，结果在残酷的现实面前力不从心，四处碰壁，深受挫折与打击，最后终于从幻想的世界中幡然醒悟，回到现实生活。小说尖锐地讽刺了给人的心灵带来毒害的骑士文学和骑士制度，深刻揭露了封建贵族的腐朽没落，反映了作者的人文主义理想和对被压迫者、弱小者寄予的无限同情。

《堂·吉诃德》是国际声望最高、影响最大的西班牙文学巨著，甚至连西班牙语都因此被称为"塞万提斯的语言"。它是世界文学宝库中最为辉煌的成就之一，被誉为"世界大同之作"和"人性圣经"，堂·吉诃德也成为世界文学宝库中最典型的人物形象之一，深受读者喜爱。

▲ 法国著名画家古斯塔夫·多雷为《堂·吉诃德》绘制的插图

《尚多斯：莎士比亚》，1856年英国国家肖像馆建成后珍藏的第一幅莎翁肖像画

莎士比亚——最伟大的戏剧天才

箴言

书籍是全世界的营养品，生活里没有书籍，就好像大地没有阳光；智慧里没有书籍，就好像鸟儿没有翅膀。

莎士比亚（William Shakespeare，1564—1616），英国文艺复兴时期伟大的剧作家、诗人。在短暂的52年生涯中，他为世人留下了37个剧本、154首十四行诗和2部叙事长诗，他的剧本至今还在世界各地演出。每年在他生日的那天，有许多国家都在上演他的剧本来纪念他。马克思称他是"最伟大的戏剧天才"。

■ 戏剧天才的"戏剧"人生

莎士比亚出生在英国沃里克郡斯特拉特福特镇的一个富裕的市民家庭。少年时代他曾在当地的一所教拉丁文的文学学校学习，掌握了丰富的知识和写作的技巧。后来因父亲破产，未能毕业就走上独自谋生的道路。

莎士比亚当过肉店学徒，在乡村学校教过书，还干过其他多种职业。22岁时，他离开家乡独自来到伦敦，起初是给到剧院看戏的绅士们照料马匹，后来他做了演员，开始演一些小配角。1588年前后他开始写作，先是改编前人的剧本，不久即开始独立创作。到1590年年底，他已成为伦敦顶级剧团的演员和剧作家。写作的成功，让莎士比亚赢得了桑普顿勋爵的欣赏，借助勋爵的关系，莎士比亚走进了贵族的文化沙龙，为他日后的创作提供了丰富的源泉。

从1594年开始，莎士比亚所属的剧团受到王宫大臣的庇护，被称为"宫内大臣剧团"。剧团除了经常进行巡回演出外，还常常在宫廷中演出，莎士比亚创作的剧本因此得以蜚声社会各界。1599年，莎士比亚作为股东兼演员加入了伦敦著名的环球剧院，他逐渐富裕起来，并为他的家庭取得了世袭贵族的称号。1612年，他衣锦还乡，4年后就与世长辞了。

■ 莎士比亚的戏剧成就

莎士比亚的戏剧可分为历史剧、悲剧、喜剧。莎士比亚的历史剧具有史诗般的宏大规模，虽然讲的是英国的历史，却反映了文艺复兴时期的英国社会和当时人们所关心的问题，具有鲜明的民族特点。代表作有《理查二世》《亨利四世》《理查三世》《亨利六世》等。

莎士比亚的悲剧塑造了一系列令人难忘的艺术形象，他们体现着文艺复兴时期的巨人性格，也反映出作者的理想。代表作有《哈姆雷特》《李尔王》《奥赛罗》《麦克白》《罗密欧与朱丽叶》等。其中《罗密欧与朱丽叶》影响最为深远，深受世界人民的喜爱，与中国的经典名作《梁山伯与祝英台》有异曲同工之妙，讲述了一对青年男女为了追求自由与纯洁的爱情而甘愿殉情而死的凄美故事，情真意切，催人泪下，感人至深。

莎士比亚的喜剧则大都以爱情、友谊、婚姻为主题，歌颂了进步、美好的新人新风，同时也温和地揭露和嘲讽了旧事物的衰朽和丑恶，主人公多是一些具有人文主义智慧与美德的青年男女，他们为了争取自由、追求幸福而斗争。代表作有《仲夏夜之梦》《威尼斯商人》《第十二夜》《皆大欢喜》《驯悍记》《维洛那二绅士》《爱的徒劳》《温莎的风流娘儿们》等。

莎士比亚的剧作是西方戏剧艺术史上一座难以企及的高峰。他的戏剧为人们展开了一幅幅生动逼真的生活画面：上至王公贵族，下至生活在社会底层的贫民百姓，各个阶层的人物都在剧中婆娑起舞，而每个人又有各自的爱憎、悲欢，每个人都具有鲜明的个性特征。同是阴险狡诈、极端自私，麦克白与伊阿古不同；同是勇于为理想、正义献身，奥赛罗与哈姆雷特性格迥异。不同的人物生活在各自的典型环境中。

艺术家 Ford Madox Brown 绘制的油画作品《罗密欧与朱丽叶》，现藏于美国特拉华州艺术博物馆

据后人统计，莎士比亚在戏剧中所用的词汇在15000个以上，并善于运用比喻、隐喻和双关语，剧中的许多语言已经成了英文中的固定词组或短语，极大地丰富了英语词藻。

约翰·沃尔夫冈·歌德
——德国文学巨匠

创作于 1787 年的歌德的画像

箴言

谁若游戏人生，他就一事无成；谁不主宰自己，永远是一个奴隶。

约翰·沃尔夫冈·歌德（Johann Wolfgang von Goethe，1749—1832），德国伟大的诗人、小说家和剧作家，德国古典文学最主要的代表，也是世界文学史上最杰出的作家之一。他的一生经历了德国文学史上狂飙突进运动、古典主义和浪漫主义三个阶段，是德国历史上少有的长寿作家。代表作品有《少年维特之烦恼》《浮士德》等。

■ 影响歌德的四位女性

歌德出生在法兰克福一个富裕的市民家庭，母亲温柔体贴又知书达理，常给歌德讲各种有趣的故事，丰富的词汇和风趣的语言表达让歌德对文学产生了浓厚的兴趣，也为他开启了文学创作的大门。而在他步入创作生涯后，有四位女性对他的生活和创作产生了巨大影响。

第一位是歌德的妹妹。1771 年，歌德还在做律师时，开始创作剧本《葛兹·冯·伯利欣根》，他把每一步的构思详细地讲给妹妹听，并在妹妹的催促和鼓励下，用 6 周的时间完成了这个以反抗暴虐、追求自由为主题的剧本，剧本一面世便轰动了整个德国文坛。

第二位是夏绿蒂·布芙，她是歌德的好友凯斯特涅尔的未婚妻。歌德在魏茨拉认识了夏绿蒂并为之倾倒，难以抑制的爱情使歌德痛苦不堪，这种理智与情感的冲突几乎使歌德企图以自杀求得解脱。1774 年，歌德以夏绿蒂为原型，创作了《少年维特之烦恼》这部著名的书

信体小说，出版后在德国引起巨大轰动，兴起了"维特热"。

第三位是莉莉·斯温曼，她是一位银行家的女儿，曾是歌德的未婚妻。他们相识于1775年，并于当年4月订婚。但终因社会地位不同、生活情趣迥异而解除了婚约。这段受挫的恋情在歌德心中掀起了不小的波澜。

最后一位是夏罗特·冯·施泰因夫人，她比歌德大7岁，是3个孩子的母亲。歌德早在故乡时就看到过一幅施泰因夫人的剪影像。移居魏玛后，他被这个温柔聪慧的女人所吸引，两人建立了理智健康的友谊，而这种情感也促使歌德创作出剧本《托尔夸托·塔索》。从1776年到1788年两人交往的12年间，歌德给施泰因夫人写了1700封信，这些信件也成为后人了解歌德内心世界的重要资料。

歌德让路

歌德不但在文学方面有卓越的成就，而且在生活中也是一位才思敏捷、充满智慧的长者。

有一天，歌德在魏玛公园散步。他一边踱步，一边在脑海中构思着一部作品。当他走到一条仅容一人通过的小径上时，迎面走来了一位文学批评家，这个人对歌德的成就持否定态度，曾经尖锐地把歌德的作品贬得一文不值。

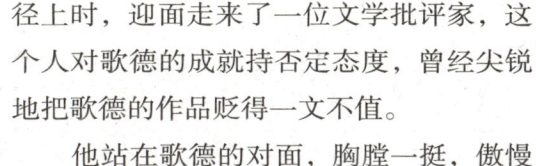

他站在歌德的对面，胸膛一挺，傲慢地说："对一个愚蠢的家伙，我决不让路！"歌德感到十分好笑，他站到了旁边，点点头，谦虚地微笑着说："我正好和您相反，先生。"顿时，那位批评家满脸通红，羞得无地自容，但又无言以对。

歌德与《浮士德》

《浮士德》是歌德的毕生力作，从命题到1832年成书出版经过了50多年。它是世界文学史上最杰出的巨著之一，奠定了歌德在文坛上的崇高地位。

《浮士德》以欧洲近代的历史和现实为背景，讲述了主人公浮士德为了寻求生命的意义，在魔鬼梅非斯托的引诱下，以自己的灵魂换得它的帮助，经历了爱欲、欢乐、痛苦、神游等各个阶段和变化，不懈追求，最终领悟人生的目的应当是为了生活和自由战斗。这部著作反映了欧洲自文艺复兴以来300年的思想和文化的发展，体现了新兴资产阶级的进取精神和宏伟气魄，阐明了客观世界和主观世界矛盾发展的辩证关系，具有深刻的哲学内涵。

▲ Joseph Karl Stieler 绘于1828年的歌德肖像

巴尔扎克——法国绝代文豪

箴言

尊严不是美德，但它是一切美德的根本。

○ 巴尔扎克（Honoré de Balzac，1799—1850），法国作家，19世纪法国伟大的批判现实主义作家，欧洲批判现实主义文学的奠基人和杰出代表。一生创作96部长中短篇小说和随笔，总名为《人间喜剧》，其中代表作为《欧也妮·葛朗台》《高老头》等。100多年来，他的作品传遍了全世界，对世界文学的发展和人类进步产生了巨大的影响。马克思、恩格斯称赞他是"超群的小说家""现实主义大师"。

▲ P.J.David 于 1843 年为巴尔扎克绘制的素描

■ "粉碎一切障碍"的手杖

巴尔扎克并非一出世就名扬天下、誉满全球，在成名之前，他也曾艰难过，窘迫过，狼狈过。

巴尔扎克生于法国中部图尔城一个中产者家庭，大学专攻法律，毕业后却全然不听父亲让他当律师的忠告，毅然走上文学创作的道路。这使得他们父子关系十分紧张，父亲不再向他提供任何生活费用，他写的作品又不断地被退了回来，他陷入了困境，开始负债累累。最困难的时候，他甚至只能吃点干面包喝点白开水。但他非常乐观，每当就餐时，他便在桌子上画上一只只盘子，上面写上"香肠""火腿""奶酪""牛排"等字样，然后在想象的欢乐中狼吞虎咽。

发人深省的是，正是在这段最为"狼狈"的日子里，他却花700法郎买了一根镶着玛瑙的粗大手杖，并在手杖上刻了一行字："我将粉碎一切障碍。"他一直用实际行动履行着这句誓言，并终于获得了成功。

■ 巴尔扎克和小偷

巴尔扎克性格乐观幽默，生活趣事层出不穷。他成名后，尽管收入不菲，但由于奢侈浪费，最后导致入不敷出，生活捉襟见肘。

一天夜里，巴尔扎克在睡梦中被一阵窸窸窣窣的声音惊醒，他悄悄地坐了起来，凝目细看，发觉有个小偷正在翻他的抽屉，他不禁笑出了声。小偷吃惊地问道："你笑什么？"巴尔扎克说："真好笑，我在白天翻了三遍，连一毛钱也没找到，你在黑夜里还能找到什么呢？"小偷自讨没趣，恨恨地说："哼，想不到你比我还穷！"转身就要离开。巴尔扎克笑着说："请你顺手把门关好。"小偷说："你家徒四壁，关门干什么啊？"巴尔扎克幽默地说："它不是用来防盗的，而是用来挡风的。"

■ 手稿珍贵，馈赠亲友

巴尔扎克的手稿，在他看来是很珍贵的，尤其在他深知自己构建的这所文学殿堂的出类拔萃之后。而这些底稿和校样，是他的艰辛和自我牺牲精神的唯一见证，是他的光荣。而其校样数量之多，在文学史上也是空前绝后的。

巴尔扎克的底稿是在整齐标准的淡蓝色稿纸上书写的，他的校样，是更宽大整齐的白纸。校样返回后，巴尔扎克一律进行大范围地修改，有时甚至等于重写一遍。而且校改一般达到10多次，有时甚至达到20次之多。他把每一本作品的校样编成一份，和原稿放在一起，装订成一本大册子。如果一本小说有200页，那么这个稿本册有时能达2000页。

丹尼尔·埃尔南德斯为《欧也妮·葛朗台》绘制的插画

巴尔扎克一生都在辛勤地写作，为完成《人间喜剧》庞大的创作计划，他夜以继日地连续工作了20年。他经常每天晚上6点钟睡觉，半夜12点起床奋笔疾书，有的时候，一天要写20个小时。巴尔扎克的传记作家George Saintsbury说过，"没有谁可以说清楚他到底是在生活还是在写作"。

1850年8月18日晚上11点半，巴尔扎克去世，结束他辛劳的一生。在拉雪兹公墓举行的葬礼上，前来送葬的巴黎市民行列绵延好几条大街，法国著名雕塑家罗丹亲自为他雕塑半身像。

巴尔扎克将稿本作为礼物，分赠给他的朋友们，分赠给那些爱他的人。许多稿本给了他未来的夫人，也有不少给他了妹妹洛尔。只有看过这些稿本的人，才真正知道巴尔扎克对文学创作的孜孜不倦、态度严谨与精益求精。

普希金——俄国诗歌的太阳

奥列斯特·阿达莫维奇·基普连斯基于1827年为普希金绘制的画像

箴言

假如生活欺骗了你，不要忧郁，也不要愤慨！不顺心的时候暂且容忍：相信吧，快乐的日子就会到来。

普希金（Александр Сергеевич Пушкин，1799—1837），俄国著名文学家。俄国浪漫主义文学的杰出代表，现实主义文学的奠基人，现代标准俄语的创始人。他的创作对俄国文学和语言的发展有着深远的影响，被高尔基誉为"俄国诗歌的太阳"。

■ 伟大著作，影响深远

普希金12岁就开始进行文学创作，并表现出了卓越的写作才能。他的作品包括诗歌、剧作、散文和小说。他的抒情诗内容广泛，既有《致恰达耶夫》《自由颂》《寄西伯利亚囚徒》等讴歌自由的政治抒情诗歌，也有大量爱情诗和田园诗，如《我记得那美妙的一瞬》和《我又重新造访》等。

普希金一生创作了12部叙事长诗，如著名的《鲁斯兰和柳德米拉》《高加索的俘虏》《青铜骑士》等。

普希金的诗歌内容丰富、感情深挚、形式灵活、结构精巧、韵律优美，堪称俄国乃至世界诗歌史上的佳作。

普希金剧作不多，最重要的是历史剧《波利斯·戈东诺夫》。此外，他还创作了诗体小说《叶甫盖尼·奥涅金》、散文体小说《别尔金小说集》及关于普加乔夫白山起义的长篇小说《上尉的女儿》。

普希金在作品中提出了时代的重大问题——专制制度与民众的关系问题、贵族的生活道路问题、农民问题，塑造了有高度概括意义的典型形象——"多余的人""金钱骑士""小人物"和农民运动领袖。这些问题的提出和文学形象的产生，大大促进了俄国社会思想的前进。

普希金的创作对俄国现实主义文学及世界文学的发展都有重要影响，高尔基称其为"一切开端的开端"。

■ 诗歌太阳的沉落

在沙皇专制的年代，普希金以他的创作向贵族传统文学提出挑战，并表达自己反对专制、追求自由的渴望。诗人表现出的刚毅勇敢，令沙皇政府颇为不安。

1836年冬，沙俄统治集团采取卑鄙的手段对普希金进行迫害。他们秘密策划了一个阴谋，暗地唆使法国波旁王朝的流亡分子、荷兰驻俄国公使格伦克的义子丹特斯放肆纠缠普希金的妻子冈察洛娃。普希金对此义愤填膺，为了捍卫自己的名誉和尊严，他决定跟卑鄙无耻的小人丹特斯决斗。

1837年2月8日，二人在彼得堡近郊的里溪进行决斗。决斗开始后，丹特斯狡黠地没有急于走近，而普希金则像以前三次决斗时那样勇毅地走到了禁界前。此时，丹特斯朝普希金发出了罪恶而致命的一枪。

普希金在面对死亡的危险时刻，保持着高度的镇定，就像坚冰一样冷峻。他被打中腹部后，咬紧牙关，拼命用左肘支起身子，集中所有力量，向仇敌射出了一颗复仇的子弹。很可惜，这一枪只打伤了丹特斯的右手。

Ivan Makarov 于1849年为普希金的妻子冈察洛娃绘制的画像

受了重伤的普希金被助手们用雪橇送回了家，诗人的亲友们都满怀悲痛地聚集在他的床前，陪伴着弥留之际的普希金。为了不让妻子和朋友们难过，普希金极力抑制住痛楚和呻吟，同他们谈话，微笑着让他们安心，这种沉勇精神和对痛苦的忍耐力是罕见而惊人的。连给他治疗的宫廷医师阿连特都说："我参加过30次战役，看见过许多濒死的人，但是这样的人我却很少看见过……"

两天后，普希金伤重不治，英年早逝，俄国诗歌的太阳就这样沉落了。

下面，让我们一起来欣赏一首他的诗吧，缅怀这位才华横溢的诗人。

《假如生活欺骗了你》
假如生活欺骗了你
不要悲伤
不要心急
忧郁的日子里须要镇静
相信吧
快乐的日子将会来临
心儿永远向往着未来
现在却常是忧郁
一切都是瞬息
一切都将会过去
而那过去了的
就会成为亲切的回忆

大仲马和小仲马——父子作家

箴言

为祖国而死,那是最美的命运啊!(大仲马)

如果一个人宽恕了别人,那么他便觉得自己非常坚强。(小仲马)

大仲马(Alexandre Dumas,1802—1870),法国19世纪积极浪漫主义作家,代表作是长篇小说《三个火枪手》(旧译《三剑客》)和《基督山伯爵》。被别林斯基称为"一名天才的小说家",也是马克思最喜欢的作家之一。

小仲马(Alexandre Dumas(fils),1824—1895),法国著名小说家、剧作家,亚历山大·仲马的俗称,大仲马的私生子。因与父名相同,世人以"大""小"仲马加以区别。代表作是小说《茶花女》。

纳达尔拍摄的大仲马,现藏于休斯顿美术博物馆

大仲马的儿子小仲马,绘于1874年

■ 参观伊夫堡

在《基度山伯爵》一书中,大仲马把法国的伊夫堡安排为囚禁爱德蒙·邓蒂斯的监狱。1844年该书出版后,无数好奇的读者纷纷来到这座阴凄的古堡参观。

古堡的看守人煞有其事地向每位来访者介绍当年邓蒂斯住过的囚室。人们的好奇心得到了满足,而看守人也相应地拿到一点小费。

一天,一位衣着体面的绅士来到伊夫堡,看守人把他带到囚室参观。当听完例行的一番绘声绘色的解说之后,来访者问道:"这么说,你认识爱德蒙·邓蒂斯喽?"

"是的,先生。这孩子真够可怜的,您也知道,世道对他太不公正了。所以,有时候,我就多给他一点食品,或者偷偷地给他一小杯酒。"

"您真是一位好人。"绅士微笑着说,同时把一枚金币和一张名片放在看守人的手里。绅士走了,看守人拿着名片一看,上面印着来访者的姓名:大仲马。

"我最好的作品就是你"

这是法国著名作家大仲马对他的儿子小仲马说的一句笑言。

小仲马是他父亲同一个女裁缝的私生子，直到7岁时才被大仲马承认，但他的母亲却从未被承认过。私生子的身世让小仲马在童年和少年时期饱受他人讥诮。

成年后，小仲马深刻地认识到，正是法国资本主义社会淫靡之风的盛行才造成了许多像他们母子这样的受害者，他决心通过文学来批判这样的社会。他曾说："任何文学，若不把完善道德、理想和有益作为目的，都是病态的、不健全的文学。"而探讨资产阶级的社会道德问题，则是贯穿其文学创作的中心内容。正是在这一思想的指导下，他创作出经典力作——《茶花女》。

当《茶花女》的话剧受到热烈欢迎时，小仲马对父亲说："第一天上演时的盛况，足以令人误以为是您的作品。"大仲马回复说："孩子，我最好的作品就是你。"

戏剧《茶花女》1896年演出时的宣传海报，来源于美国国会图书馆

"只想拥有真实的高度"

小仲马受父亲影响，热衷于文学创作。他很勤奋，却屡遭退稿。大仲马得知他的儿子小仲马寄出的稿子总是碰壁，便对他说："如果你能在寄稿的时候，随稿给编辑先生附上一封短信，或者只是一句话，说'我是大仲马的儿子'，或许情况就会好多了。"

但小仲马谢绝了父亲的好意，固执地说："不，我不想坐在你的肩头上摘苹果，那样摘来的苹果没有味道。"

面对一张张冷酷而无情的退稿笺，小仲马没有沮丧、气馁，仍然锲而不舍地坚持创作。他的长篇小说《茶花女》寄出后，终于以其绝妙的构思和精彩的文笔震撼了一位资深编辑。这位编辑曾和大仲马有着多年的书信往来，他看到寄稿人的地址同大作家大仲马的丝毫不差，怀疑是大仲马另取的笔名，但作品的风格却和大仲马的迥然不同。

带着兴奋和疑问，他迫不及待地乘车造访大仲马家，结果令他大吃一惊，作者竟是大仲马名不见经传的年轻儿子小仲马。

"您为何不在稿子上署上您的真实姓名呢？"老编辑疑惑地问小仲马。

小仲马说："我只想拥有真实的高度。"

雨果——法兰西的莎士比亚

箴言

即使是一个智慧的地狱,也比一个愚昧的天堂好些。

雨果(Victor Hugo,1802—1885),法国诗人、戏剧家和小说家,法国浪漫主义文学的代表人物,19世纪前期积极浪漫主义文学运动的领袖,法国文学史上卓越的作家。雨果一生创作了众多诗歌、小说、剧本、各种散文和文艺评论及政论文章。代表作有:长篇小说《巴黎圣母院》《悲惨世界》《海上劳工》《笑面人》《九三年》,诗集《光与影》和《就英法联军远征中国给巴特勒上尉的信》,短篇小说《"诺曼底"号遇难记》等。

▲ 法国浪漫主义作家的代表人物雨果

■ 少年时才华即露

雨果出生于法国东部紧挨瑞士的杜省贝桑松,他的父亲是拿破仑手下的一位将军,儿时的雨果曾随父驻军西班牙,10岁回巴黎上学,中学毕业入法学院学习。但他一直倾心于文学,15岁时便在法兰西学院的诗歌竞赛会上得奖,17岁在"百花诗赛"中获得第一名,20岁即出版诗集《颂诗集》,因歌颂波旁王朝复辟,获路易十八赏赐。之后雨果写了大量异国情调的诗歌。

29岁时雨果创作了轰动法国文坛的长篇小说《巴黎圣母院》。该作品反映了专制社会的黑暗、反动教会的猖獗和司法制度的残酷,浪漫主义色彩浓重。在《巴黎圣母院》之后,雨果又相继发表了一系列反封建反教会的作品,这时候的雨果已经成为一个共和主义者。

1851年拿破仑三世称帝,雨果奋起反对而被迫流亡国外,期间,雨果从未停止过创作,并以笔为武器,反抗拿破仑的独裁政权。他曾写过一部政治讽刺诗《惩罚集》,每章都配有一则拿破仑三世的施政纲领条文,还用拿破仑一世的功绩和拿破仑三世的耻辱作对比,加以讽刺。

▲《巴黎圣母院》插图

■ 永远不能磨灭的呼喊

在一个烈日炎炎的中午，16岁的雨果路过巴黎法院门前的广场，看见一个衣衫褴褛的姑娘被绑在粗大的木桩上，脖子上锁着黝黑发亮的铁圈，头上钉着一个告示，说是犯了"仆役盗窃罪"。一个刽子手走过去，拿起炭火里烧得通红的烙铁烙在姑娘的肩背上。姑娘的惨叫声夹杂着焦臭味儿在空中回荡。这一人间惨剧正是当年残暴社会的缩影，在雨果的心灵上留下了深深的烙印。40多年后，雨果在给友人的信中还心有余悸地说："在我的耳朵里仍然响着那个被折磨的女子的惨痛的呼喊——在我心灵上永远不能磨灭的呼喊。"

以后雨果的作品中，都有那"受苦受难"的女子的影子。在雨果60多年的文学生涯中，全部作品包括26部诗集、12部剧本、21部论著、20部小说，都以仁爱的人道主义思想为核心。

▲《悲惨世界》的插图

■ 巨星陨落

雨果是一位拥有人道主义精神和爱国主义情怀的伟大作家。他在得知英法联军火烧圆明园的恶行后，斥责法兰西和英吉利是"两个强盗"，"将受到历史的制裁"。雨果敢于坚持真理、维护正义，他是中国人民的朋友。

1870年普法战争爆发，流亡了19年之久的雨果回到了祖国，以激昂的爱国主义热情投入斗争，他四处发表演讲，号召法国人民起来抗击德国侵略者，保卫祖国。

雨果在比利时期间，也出于人道主义立场大胆地保护因"巴黎公社"失败而遭受迫害的公社成员，并建议他们到自己住所避难。结果他很快便遭到牵连和报复，他的家人被反动暴徒袭击，险些丧命，他自己也被比利时政府勒令离境。

1885年5月22日雨果在巴黎与世长辞，法国举国致哀，以悼念一代文坛巨星的陨落。巴黎公社的参与者也发表宣言，号召社员参加雨果的葬礼。雨果被安葬在"先贤祠"，只有对法兰西做出非凡贡献的伟人才能享有这一殊荣。雨果用他伟大的人格和不朽的作品，赢得了全世界人民的尊重。

安徒生——世界童话之王

艺术家 Thora Hallager 于 1869 年绘制的安徒生肖像

箴言

希望之桥就是从"信心"这个词开始的——而这是一座把我们引向无限博爱的桥。

安徒生（Hans Christian Andersen，1805—1875），19世纪丹麦著名童话作家，世界文学童话创始人，被誉为"童话之王"。他的童话被译成100多种文字，深受全世界儿童喜爱，成为世界文学的宝贵遗产。

■ 贫穷少年志气大，努力奋斗精神佳

安徒生出生于丹麦欧登塞一个贫穷的鞋匠家庭，年幼时父亲就过世了，留下他和母亲两人过着贫困的日子。

一天，他和一群小孩获邀到皇宫里去晋见王子，请求赏赐。他满怀希望地唱歌、朗诵剧本，希望能够获得王子的赞赏。

表演结束后，王子和蔼地问他："你有什么需要我帮助的吗？"安徒生自信地说："我想写剧本，并在皇家剧院演出。"

王子把眼前这个有着突兀的大鼻子和略带忧郁眼神的笨拙男孩从头到脚看了一遍，对他说："背诵剧本是一回事，写剧本又是另外一回事，我劝你还是去学一项有用的手艺吧！"

但是怀抱梦想的安徒生没有去学糊口的手艺，而是打破了他的存钱罐，向妈妈道别，到哥本哈根去追寻他的梦想。他先在丹麦皇家剧院演唱歌剧，后来嗓子坏了，导致失业，只好在哥本哈根过着流浪的生活。他敲过所有哥本哈根贵族家的门，希望得到他们的帮助，结果根本没有人理会他，但他从未想到退却。他开始写史诗和爱情小说，但依然未能引起人们的注意，他还是坚持着，因为他坚信：总有一天，会成功的！

经过8年奋斗，安徒生终于发表了诗剧《阿尔芙索尔》，显露出他的才华，之后他被皇家艺术剧院送进斯莱格思语法学校和赫尔辛格学校深造。

在学校里，安徒生没有忘记他的创作。1825年，安徒生随意写的几篇童话故事，出乎意料地引起了强烈的反响。

■ 童话世界称大王，文学创作铸辉煌

童话是安徒生一切创作中的皇冠。他曾在信中给朋友讲自己的心愿：要争取为未来的一代写童话，同时不忘记成年人，让他们也从中受到教益。他认为，在诗歌的领域中，没有哪一样能像童话那样无限包容。他一生共写了约160篇童话，给世界上众多的儿童及家长提供精神食粮，也为北欧文学增添了光彩。安徒生的童话故事体现了民主主义思想和人道主义精神，反映了广大人民群众的愿望。

《卖火柴的小女孩》《丑小鸭》《看门人的儿子》，真实地描写了穷人的悲惨生活，寄托着安徒生对他们的同情和对他们善良、纯洁的高尚品德的赞美。

《海的女儿》表现了小美人鱼追求幸福和爱情的坚强毅力和牺牲精神。

▲ 艺术家安妮·安德森（1874—1930年）为《卖火柴的小女孩》绘制的插图

《园丁和主人》塑造了一个爱国者的形象，歌颂了爱国主义精神。

也有不少作品愤怒鞭挞残暴、贪婪、虚伪、愚蠢的剥削者和反动统治者，揭露教会僧侣的丑行和人们的种种陋习。如《皇帝的新装》辛辣地讽刺了皇帝的昏庸无能和朝臣们阿谀逢迎的丑态，《豌豆上的公主》嘲笑了贵族的无知和脆弱。

安徒生的童话格调朴素清新，与民间文学有着极深的渊源，语言生动自然、流畅优美，充满浓郁的乡土气息，既适合少年儿童阅读，也适合成人鉴赏。他的作品被译成150多种语言在世界各地出版发行，深受读者喜爱。

安徒生终生未婚，把整个生命和情感都献给了文学创作。丹麦人民为纪念安徒生诞生100周年，在他的故乡建立了安徒生博物馆。

▲ 艺术家安妮·安德森（1874—1930年）为《海的女儿》绘制的插图

凡尔纳——现代科幻小说之父

箴言

但凡人能想象到的事物，必定有人能将它实现。

现代科幻小说之父儒勒·凡尔纳，由摄影师 Nadar 拍摄

凡尔纳（Jules Gabriel Verne，1828—1905），19世纪法国作家，代表作为凡尔纳三部曲：《格兰特船长的儿女》《海底两万里》《神秘岛》。主要作品还有《气球上的五星期》《八十天环游地球》等20多部长篇科幻历险小说。作品形象夸张地反映了19世纪"机器时代"人们征服自然、改造世界的意志和幻想，并成为西方和日本现代科幻小说的先河。他的作品被译成数十种语言在世界各地广为流传，深受数亿读者的喜爱。

■ 童年经历，树立梦想

凡尔纳出生在法国西部的南特市，父亲皮埃尔·凡尔纳是一名诉讼代理人，墨守成规，但学识渊博，对文学和科学都有浓厚的兴趣。母亲索菲任性轻浮，但对人热情诚恳，富于幻想。

父亲一心希望子承父业，但是凡尔纳自幼热爱海洋，向往远航探险。11岁时，他曾志愿上船当见习生，远航印度，结果被家人发现并接回了家。为此凡尔纳挨了一顿狠揍，并躺在床上流着泪保证以后只躺在床上，在幻想中旅行。也许正是由于这一童年的经历，客观上促使凡尔纳一生驰骋于幻想之中，创作出众多著名的科幻作品。

■ 人生转折，弃法从文

凡尔纳18岁时，去巴黎攻读法律，却爱上了文学和戏剧。他不断地写剧本，虽然这些剧本都失败了，但他毫不气馁，仍坚持创作。后来，凡尔纳与大仲马合作创作了剧本《折断的麦秆》并得以上演，在文学的道路上取得了初步的成功。

1850年他不顾父亲的反对，毅然弃法从文，一门心思投入到诗歌和戏剧的创作之中。

在创作的过程中，凡尔纳发现当时文坛上的人都试图把其他领域的知识融进戏剧，比如大仲马是将历史学融进文学，而巴尔扎克则把社会伦理学融进文学……

于是凡尔纳把当时还没有被开发的地理学融进文学,他一方面广泛阅读,丰富知识;另一方面到世界各地旅行,在旅行中增长阅历,采集信息,寻找灵感及素材,这些都为他以后的创作打下了坚实的基础。1893年,凡尔纳在接受采访时说道:"我喜欢乘游艇,但同时并不会忘记为我的书采集些信息……每部小说都能从我的出游中获益。譬如在《绿光》中便可觅得我个人在苏格兰的艾奥纳岛和斯塔法岛游览中的经历和视角,还可以算上那次1861年的挪威之行……"

▲ 1870年出版的《海底两万里》中的插图

科幻狂人的创作之路

1861年左右,凡尔纳的一位好友纳达着迷于航空科学,一心想升起"巨人"号气球,这引起了凡尔纳的兴趣。由此,他创作了第一部科幻小说《气球上的五星期》——一个描写当时神秘的非洲大陆的探险故事。

凡尔纳创作出《气球上的五星期》后,向16家出版社投稿,竟无一人理睬。他愤然将书稿投入火中,幸被妻子抢救出来,送去第17家出版社后才得以出版。赏识此书的编辑叫赫茨尔,从此凡尔纳遇到了知音,与他结下终身友谊。赫茨尔与凡尔纳签订合同,一年为其出版两本科幻小说。

《气球上的五星期》出版之后,凡尔纳真正踏上了科幻小说的创作之路,并一发不可收拾,又创作了《奇异的旅行》系列作品,包括《地心游记》《从地球到月球》《环绕月球》《海底两万里》《神秘岛》等,构思奇巧,引人入胜。

此后,凡尔纳进入平稳的发展时期,创作出《八十天环游地球》《太阳系历险记》(中译《大木筏》)《两年假期》等优秀作品。

凡尔纳的作品情节惊险,人物生动,集知识性、趣味性、创造性于一体,他提出自然科学方面的许多预言和假设,都被后来的科学发展所证实,至今仍启发着人们。他的作品被译成数十种语言在世界各地广为流传,深受各个年龄层读者的喜爱。凡尔纳被誉为"现代科幻小说之父"。

列夫·托尔斯泰——俄国文学泰斗

绘画大师列宾于1887年绘制的列夫·托尔斯泰的画像

箴言

一切使人团结的是善与美,一切使人分裂的是恶与丑。

列夫·托尔斯泰(Лев Николаевич Толстой, 1828—1910),俄国作家、思想家,19世纪俄国伟大的批判现实主义作家。托尔斯泰著有《战争与和平》《安娜·卡列尼娜》和《复活》等经典长篇小说,被认为是世界最伟大的作家之一。

■ 从贵族走向平民

列夫·托尔斯泰出生在俄国一个贵族庄园,一岁半丧母,9岁丧父,由姑妈抚养长大。在喀山大学就读期间,他对卢梭的学说产生了浓厚的兴趣。离开大学后,成为青年地主的托尔斯泰曾力图改善农民的生活,但却不被农民所理解。这段经历后来在他的小说《一个地主的早晨》(1857)中得到了体现。

19世纪50年代,厌倦了上流社会生活的托尔斯泰在高加索入伍期间开始文学创作,处女作《童年》使他一举成名。《童年》与后来创作的《少年》和《青年》构成了他的自传三部曲。在高加索期间,托尔斯泰还发表了一些反映战地生活的小说,如《袭击》和《台球房记分员笔记》等。高加索迷人的自然风光和淳朴的民风,给他留下了很深的印象。他对生活有了新的认识,平民化思想也由此萌发,这在他后来完成的作品《哥萨克》中有清晰的反映。

克里米亚战争爆发后,托尔斯泰曾在前线坚守一年。他为此写出了三篇总名为《塞瓦斯托波尔故事》(1855—1856)的特写,以严酷的事实抨击了畏敌如虎的贵族军官,赞美了具有爱国主义精神的普通士兵。

托尔斯泰退役回到家乡后，曾为农民子弟办学，后因沙皇政府干预导致学校被迫关闭。期间，他两次出国，并写下了《暴风雪》《两个骠骑兵》《家庭幸福》等多篇小说。19世纪七八十年代，托尔斯泰完成了60年代就开始酝酿的世界观的转变，他的思想转到农民的立场上，长篇小说《复活》就是在这样的思想指导下创作出来的。

■ 影响深远的三大经典巨著

托尔斯泰一生勤奋创作，创作时间长达60年，他创作的作品对世界文学产生了深远影响，其中《战争与和平》《安娜·卡列尼娜》《复活》堪称世界文学中的经典巨著。

《战争与和平》俄国农奴制改革虽然没有真正解决农民问题，但却使俄国经济得到了快速的发展。随着社会矛盾的转变，托尔斯泰的思想也发生了改变。1869年，托尔斯泰写成了长篇历史小说《战争与和平》，这是其创作历程中的第一个里程碑。小说以四大家族的相互关系为情节线索，展现了当时俄国从城市到乡村的广阔的社会生活画面，气势磅礴地反映了1805—1820年间发生的一系列重大历史事件，主要探讨俄国前途和命运，特别是贵族的地位和出路问题。

《安娜·卡列尼娜》小说讲述了女主人公安娜追求爱情的悲剧，反映了农奴制改革后俄国复杂的社会矛盾，描绘了俄国从莫斯科到外省乡村的广阔而丰富多彩的图景，先后塑造了150多个人物，是一部社会百科全书式的作品。这部作品是托尔斯泰创作生涯中的又一座里程碑，在这部作品中，托尔斯泰的小说艺术已达到了炉火纯青的境界。

《复活》随着俄国社会矛盾的日益发展，托尔斯泰的思想逐渐转移到了农民的立场上来，最后和贵族阶级决裂。托尔斯泰开始参加法庭审判，调查平民区，走访犯人监狱、法庭、教会，加深了对俄国社会矛盾的认识。后来他自动放弃了伯爵的头衔，拒绝当陪审官，并按农民的方式来生活，开始实践他的平民思想，并完成了自己第三部里程碑式的作品《复活》。《复活》是他进行长期思考和艺术探索的总结，也是对俄国社会批判最全面深刻、最尖锐有力的一部著作，是世界文学中的又一不朽名著。

托尔斯泰的小说《安娜·卡列尼娜》一书中的插图

马克·吐温——讽刺幽默大师

箴言

多做些好事情，不图报酬，还是可以使我们短短的生命浪体面和有价值，这本身就可以算是一种报酬。

马克·吐温（Mark Twain，1835—1910），美国作家，本名萨缪尔·兰亨·克莱门斯，马克·吐温是其笔名。美国批判现实主义文学的奠基人，世界著名的短篇小说大师。经历了美国从"自由"资本主义到帝国主义的发展过程，其思想和创作也表现为从轻快调侃到辛辣讽刺再到悲观厌世的发展阶段。代表作有《竞选州长》《镀金时代》《汤姆·索亚历险记》《哈克贝利·费恩历险记》等。马克·吐温被誉为"美国文学界的林肯"，主要作品大多已有中文译本。

■ 马克·吐温与中国人民的友谊

马克·吐温是美国著名的幽默大师、作家、演说家，是19世纪后期美国批判现实主义文学的杰出代表。马克·吐温的幽默讽刺不但针砭时弊，而且以夸张手法，将它放大给世人看，以期使社会变得更完善、更理想。他对中国人民的反帝反封斗争非常关心，深切同情在帝国主义和封建势力双重压迫下遭受苦难的中国人民，是中美两国人民友谊源长根深的历史见证。

讽刺幽默大师马克·吐温，图片来源于美国国会图书馆

1866年，他写了一篇名为《对华和约》的杂文，公开反对世界列强对中国进行野蛮侵略、强迫中国政府签订不平等条约以及强拓租界的行为。1870年，他又写了一篇著名讽刺小说《哥尔斯密的朋友再度出洋》，他在小说中以中国人为主人公，虚拟了几封"中国人的信"，不但猛烈地抨击了资本主义虚假的"民主、自由"和美国社会中盛行的种族歧视现象，而且尖锐地提出了大量华工被拐骗到美国西海岸所遭受的非人待遇的问题。

马克·吐温对中国爆发的义和团反帝运动也给予了大力支持与深切同情。1900年8月12日，他在写给一位朋友的信中说："现在全中国人民都站起来了，我深切同情中国人民。欧洲的匪徒们曾经欺凌他们多年，我希望他们能把外国人

1876年出版的《汤姆·索亚历险记》的首页

都轰走，永远不让他们再回去。"同年11月，马克·吐温在美国公众教育协会年会上发表演说时公开宣布："我就是义和团。义和团人是爱国的，我祝他们胜利。""为什么列强不退出中国，不让中国人自主地处理自己的事务呢？事情都是外国人闹出来的，如果他们能滚出去，那是多么大的好事。"

■ 不得不站着

马克·吐温的幽默无处不在。有一次他外出演讲，来到一个小城镇。晚饭前，他先去一家理发店刮胡子。理发师问："您是外地人吧？"

"是的，"马克·吐温回答，"我是头一次到这里来。"

"那您来的可正是时候，"理发师兴奋地说，"今晚马克·吐温要来演讲，我想您会去的，是吗？"

"噢，我也是这样想。"

"您搞到票了吗？"

"还没有。"

"票早就卖光了，看来您只有站着了。"

"真讨厌！"马克·吐温叹气道，"我的运气真不好，每次那个家伙演讲时，我都不得不站着。"

■ 说假话

一次马克·吐温应邀赴宴。席间他对一位贵妇说："夫人，您真是太美丽了！"不料那夫人却道："可是遗憾得很，先生，我不能用同样的话回答你。"马克·吐温随即温笑着回答："那没关系，你也可以和我一样说假话。"

■ 车票

一次马克·吐温乘车外出，火车开得很慢。当查票员过来查票时，马克·吐温便递给他一张儿童票，查票员调侃道："我还真没看出您是个孩子呢！"

马克·吐温回答："现在我已经不是孩子了，但我买票上车时还是个孩子哩！"

莫泊桑——世界短篇小说巨匠

世界短篇小说巨匠莫泊桑

> **箴言**
>
> 才能来自独创性。独创性是思维、观察、理解和判断的一种独特的方式。

○ 莫泊桑（Guy de Maupassant, 1850—1893），法国作家，文学成就以短篇小说最为突出，有"世界短篇小说巨匠"的美称。他擅长从平凡琐碎的事物中截取富有典型意义的片断，以小见大地概括生活的真实。他的短篇小说侧重描写人情世态，构思布局别具匠心，细节描写、人物语言和故事结尾均有独到之处。除了《羊脂球》这一短篇文库中的珍品之外，还创作了包括《我的叔叔于勒》《项链》等在内的一大批思想性和艺术性完美结合的短篇佳作。长篇小说也取得了较高成就，《一生》和《俊友》（又译《漂亮朋友》），已列入世界长篇小说名著之林。

■ 拜师学艺听教诲，细微之处见功力

莫泊桑的母亲具有深厚的文学修养，莫泊桑从小就受到母亲的熏陶与影响，对文学有着浓厚的兴趣。莫泊桑的舅舅在青年时期曾是著名作家福楼拜以及巴那斯派诗人路易·布耶的同窗好友，深远的世交使莫泊桑在鲁昂城高乃依中学念书的时候，就结识了舅舅的这两位好友，并从这两位前辈那里听到了"简明的教诲"，获得了"对于技巧的深刻认识"与"不断尝试的力量"。

莫泊桑勤奋写作，写下了许多作品，但大都平淡无奇，毫无特色。对于自己毫无长进的作品，莫泊桑十分苦恼、焦急。为了提高写作水平，他拜法国文学大师福楼拜为师，向他请教写作技巧。

一天，莫泊桑带着自己的文章，去请福楼拜指导。他坦白地说："老师，我已经读了很多书，为什么写出来的文章总感到不生动呢？"

"这个问题很简单，是你的功夫还不到家。"福楼拜直截了当地说。

"那怎样才能使功夫到家呢？"莫泊桑急切地问。

"这就要肯吃苦，勤练习。你家门前不是天天都有马车经过吗？你就站在门口，把每天看到的情况，都详详细细地记录下来，而且要长期记下去。"

第二天，莫泊桑真的站在家门口看了一天大街上来来往往的马车，可是一无所获。接着，他又连续看了两天，还是没有发现什么。

万般无奈，莫泊桑只得再次来到老师家。他一进门就说："我按照您的教导，看了几天马车，没看出什么特殊的东西，那么单调，没有什么好写的。"

"不，不不！怎么能说没什么东西好写呢？那富丽堂皇的马车，跟装饰简陋的马车是一样的走法吗？烈日炎炎下的马车又是怎样走的？狂风暴雨中的马车是怎样走的？马车上坡时，马怎样用力？马车下坡时，赶车人怎样吆喝？他的表情是什么样的？这些你都能写得清楚吗？你看，怎么会没有什么好写呢？"

福楼拜滔滔不绝地说着，一个接一个的问题，都在莫泊桑的脑海中打下了深深的烙印。

从此，莫泊桑天天站在大门口，全神贯注地观察过往的马车，从中获得了丰富的素材，写了一些作品。于是，他再一次去请福楼拜指导。

福楼拜认真地看了几篇，脸上露出了微笑，说："这些作品，表明你有了进步。但青年人贵在坚持，才气就是坚持写作的结果。对你所要写的东西，光仔细观察还不够，还要能发现别人没有发现和没有写过的特点。如果你要描写一堆篝火或一棵绿树，就要努力去发现它们和其他的篝火、其他的树木不同的地方。"

莫泊桑把老师的话牢牢记在心头，更加勤奋努力。他观察入微，用心揣摩，精炼语言，积累素材，终于写出了享誉世界的小说名篇，福楼拜曾盛赞莫泊桑的《羊脂球》一书为"可以流传于世的杰作"。

1893年10月8日出版的短篇小说《项链》的封面

萧伯纳——聪明机智的英国文豪

箴言

人生有两出悲剧：一是万念俱灰，另一是踌躇满志。

萧伯纳（George Bernard Shaw，1856—1950），爱尔兰人，1876年移居英国，现代杰出的现实主义戏剧作家，世界著名的擅长幽默与讽刺的语言大师，1925年诺贝尔文学奖获得者。代表剧作有《鳏夫的房产》《华伦夫人的职业》《武器与人》《真相毕露》等。

聪明机智的萧伯纳

■ 萧伯纳趣事

英国著名的戏剧家萧伯纳，以讥诮、讽刺与幽默闻名于世。他应变机智、言辞诙谐、性格爽朗，并且极富正义感和同情心，他蔑视权贵，憎恶贪婪、卑劣和伪善，对态度倨傲的人或想羞辱别人的人，他会巧妙地还以颜色。这些特点使他的讽刺有了思想基础和信念支持，在诙谐言词中闪耀出高尚的人性光芒。有许多关于他的趣事流传至今。

有一次，瘦削的萧伯纳遇到一位大腹便便的商人。商人想借机奚落他，便说："人们看见你，就知道世界上现在正在闹饥荒。"萧伯纳不慌不忙地予以回击，说："人们看见你，就知道闹饥荒的原因了。"他只在商人的话里加了几个字，就揭露出了商人唯利是图、为富不仁的嘴脸，这样的"妙答"真是大快人心。

萧伯纳享誉世界后，美国电影业巨头萨姆·高德温想从萧伯纳手里把戏剧的电影拍摄权买下来。他找到了萧伯纳："您的戏剧艺术价值很高，我想如果能把它们搬上银幕，全世界都会为你的艺术所陶醉。"

萧伯纳很高兴他这样想，这样做。但他俩却无法在摄制权的价格上达成一致，最后以萧伯纳拒绝出卖摄制权结束。

萧伯纳说："问题很简单，高德温先生，您只对艺术感兴趣，而我只对钱感兴趣。"

萧伯纳真的只对钱感兴趣吗？1925年，萧伯纳获得诺贝尔文学奖，奖金约合7000英镑，他将这笔奖金捐出，作为创立英国瑞典文学基金会之用。

■ 书写巾帼英雄的悲剧

萧伯纳以史实为依据，根据真实的历史人物——巾帼英雄贞德的传奇事迹，创作了著名的历史剧作《圣女贞德》。

1337年11月，英王爱德华三世率军进攻法国，拉开了英法百年战争的序幕。战争断断续续持续到15世纪，法国军队屡战屡败，整个国家岌岌可危。出身农家的小姑娘贞德冲破世俗偏见，挺身而出，领导一支法国军队进行不屈不挠的卫国斗争。聪慧勇敢的贞德拥有卓越的军事指挥才能，她对法军将领畏首畏尾、谨慎怯懦的战略战术嗤之以鼻，主张采用正面猛烈的攻势进攻英军堡垒。在贞德的指挥下，法军勇往直前，势如破竹，大败英军，将法国从亡国的危险中解救出来。但是，历经生死磨难、立下赫赫战功的贞德并没有得到她应有的荣誉，却遭到来自各方势力的猜忌、攻击与陷害。贞德后来被勃艮第公国所俘，被宗教裁判所以"异端"和"女巫罪"判处火刑。1431年5月30日，年仅19岁的贞德在鲁昂英勇就义。

▲ 扛着军旗的圣女贞德，出自1505年的手稿

在这部剧作中，萧伯纳通过犀利的笔锋和跌宕起伏的故事情节，把贞德的英雄形象淋漓尽致地表现出来，热情地讴歌了以贞德为代表的正义爱国主义精神，无情地揭露、讽刺了国王贵族的胆小、懦弱、无能以及教会的自私和虚伪。1925年，萧伯纳凭借《圣女贞德》获得诺贝尔文学奖。

柯南道尔——英国侦探小说之父

著名的侦探小说家柯南道尔，塑造了福尔摩斯这一名侦探的经典形象

箴言

在没有得到任何证据的情况下是不能进行推理的，那样的话，只能是误入歧途。

柯南道尔（Arthur Conan Doyle，1859—1930），英国杰出的侦探小说家、剧作家，被誉为英国的"侦探小说之父"，世界最知名的畅销书作家之一。他22岁取得医师资格，26岁获取博士学位，32岁弃医从文，专写侦探小说。此后发表的福尔摩斯系列，使他名声大噪。英国著名小说家毛姆曾说："和柯南道尔所写的《福尔摩斯探案全集》相比，没有任何侦探小说曾享有那么大的声誉。"

■ 福尔摩斯家喻户晓

柯南道尔出生于苏格兰爱丁堡，自幼喜欢文学，中学时曾任校刊主编。他毕业于爱丁堡医科大学，后在索思西开业行医。由于诊所的生意不太好，他只好靠给杂志社写小说来赚点外快。

柯南道尔喜欢美国小说家埃德加·爱伦·坡和法国侦探作家加波利奥的作品，并受他们影响，产生了创作侦探小说的念头。而柯南道尔的老师，爱丁堡大学医院里的外科医生约瑟夫·贝尔常鼓励学生像观察判断是否是左撇子的修鞋匠和由高原兵团退役的中士那样，对病人进行精确的观察和缜密的逻辑推理，并做出必要而准确的判断。柯南道尔因此受到很大的启发，在脑海里形成一个故事：一个具有高度科学头脑的侦探，遇到一起谋杀案，作案人化装成车夫……这个故事就是《血字的研究》的腹稿。经过仔细琢磨，侦探被命名为夏洛克·福尔摩斯。

柯南道尔在29岁时完成第一部侦探小说《血字的研究》，将演绎学、侦探学、犯罪学、心理学、地质学、解剖学等学科的知识应用于推理办案中，更借书中配角——华生医生，以第一人称回忆的方式道出福尔摩斯对于案件的解读与推论。让一位曾经亲历案发现场的人以叙说故事的手法来讲述案情发展，不仅增加了故事的真实性，更让读者有身临其境之感。

这部中篇小说当初投稿时并不被看好，曾被许多出版社退稿，最后沃德·洛克出版公司慧眼识珠，录用了这部稿子，于柯南道尔30岁那年出版，首度将夏洛克·福尔摩斯与华生医生呈现给读者。

《血字的研究》初试锋芒之后，英国著名的《利平科特杂志》的编辑开始向柯南道尔约稿。

两年后，柯南道尔出版了长篇小说《四签名》，夏洛克·福尔摩斯声名大噪，成了英国家喻户晓的大侦探，各家杂志也竞相向柯南道尔约稿。

福尔摩斯系列作品问世后，欧洲、美国等地纷纷出现了"福尔摩斯协会"之类的组织，并掀起了崇拜福尔摩斯的宗教性狂热。各国争相出版《福尔摩斯探案全集》，该书被译为包括因纽特文和世界语在内的数十种语言出版发行，总印数多达500万册。

福尔摩斯在《血字的研究》一书中首次登场

柯南道尔与车夫

柯南道尔也遇到过福尔摩斯迷。有一次，柯南道尔在巴黎叫了一辆出租马车，他先把旅行包扔进车里，然后爬上车。他还没有开口，赶车人就说："柯南道尔先生，您上哪儿去？"

"你认识我？"作家有点诧异地问。

"不，从来没见过。"

"那你怎么知道我是柯南道尔呢？"

"这个，"赶车人说，"我在报纸上看到您在法国南部度假的消息；看到您是从马赛开来的一列火车上下来的；我注意到您的皮肤黝黑，这说明您在阳光充足的地方至少呆了一个星期；我从您右手手指上的墨水渍来推断，您肯定是一位作家；另外，您还具有外科医生那种敏锐的目光，并穿着英国式样的服装。我认为您肯定就是柯南道尔！"

柯南道尔大吃一惊："既然你能从所有这些细微的观察中认出我来，那么你和福尔摩斯也不相上下了。"

"还有，"赶车人说，"还有一个小小的事实。"

"什么事实？"

赶车人笑着说："旅行包上写有您的名字。"

泰戈尔——热情正直的印度"诗圣"

箴言

错误经不起失败，但是真理却不怕失败。

○ 泰戈尔（Rabindranath Tagore，1861—1941），印度诗人、哲学家和印度民族主义者。他的作品充满了鲜明的爱国主义和民主主义精神，同时又富有民族风格和民族特色。其重要诗作有诗集《吉檀迦利》《新月集》《飞鸟集》等。1913年荣获诺贝尔文学奖。

▲ 印度诗人、哲学家泰戈尔的雕像

■ 家境本优越，少年即有成

泰戈尔出生在印度加尔各答的一个地主家庭，父亲是印度小有名气的哲学家和宗教改革者。他有6个哥哥，有的献身于印度的文艺复兴运动，有的则为社会改良而奔走。这样的家庭环境，对泰戈尔的思想产生了深远的影响。他还加入了当时加尔各答知识界的一个活动中心，受到了文学的熏陶。泰戈尔8岁就开始作诗，17岁发表了叙事诗《诗人的故事》。他曾在英国伦敦大学读过法律，但却把主要精力用在了学习英国文学和西洋音乐上。回国后，泰戈尔创作了《暮歌》《晨歌》等许多作品，主张把印度古老的文化与西欧的文化结合起来，1886年，他出版了诗集《新月集》。泰戈尔早期的诗作纯朴、自然，从内容到形式，都开创了一代新诗风。

1890年，泰戈尔接管了父亲的庄园，移居到了乡村。这期间，他写了很多诗歌和短篇小说，真实地反映了印度人民的苦难生活，塑造了贫穷而质朴的劳动者形象，控诉了惨无人道的殖民统治制度。1921年，泰戈尔在桑蒂尼盖登创办"国际大学"并亲自授课，满腔热忱地希望年轻的一代能继承印度的民族文化，献身于农村改造。

泰戈尔孜孜不倦地寻求着印度的民族独立之路。他曾到英国、法国、美国、日本、苏联等国家周游，考察情况，以求学到一些对民族独立有益的经验。1924年，他还曾到过中国，对中国人民始终怀有友好的感情。

甘地（左）与泰戈尔（右）

■ 60多年创作生涯成就斐然

泰戈尔的一生主要从事文艺创作活动。他的创作生涯长达60年，共写了50多部诗集、12部长中篇小说、30多部散文作品、20多种剧本和100多篇短篇小说。他的诗在印度人人传颂，他也被称为印度的"诗圣"。1913年，他发表了诗集《吉檀迦利》，通过诗人与神的交流表达了自己对祖国和人民的热爱之情。同年，他凭借这本诗集获得了诺贝尔文学奖，成为第一位获得这一奖项的东方作家。泰戈尔其他的著作，如《飞鸟集》《园丁集》也深受人们的喜爱。泰戈尔的诗作格调清新，意境深远，语言流畅，富有哲理，表现了诗人对人生的无限热爱和对祖国命运的深切关怀。除了诗作外，他还写了不少小说，长篇小说代表作有《戈拉》《沉船》等。

泰戈尔还能绘画作曲，一生绘了1500多幅画，创作了2000多首歌曲。他创作的歌曲《人民的意志》，1950年被定为印度国歌。

泰戈尔是一位哲人，他把博大精深的人生哲理和自己对人生的领悟通过他的作品传达给世人，给他们以无尽的启发，正如一位印度人所说："不拒绝生命，而能说出生命之本身的，这就是我们所以爱他的原因"。爱尔兰诗人叶芝这样评价他："泰戈尔是一位大诗人，一个比我们中间任何一个都要伟大的人。

叶芝——爱尔兰的天鹅

爱尔兰诗人威廉·巴特勒·叶芝

箴言

人心只能赢得，不能靠人馈赠。

○ 叶芝（William Butler Yeats，1865—1939），爱尔兰诗人、戏剧家。曾同格雷戈里夫人、辛格等倡导爱尔兰民族戏剧，并同格雷戈里夫人创办阿贝剧院。1923年获诺贝尔文学奖，是爱尔兰第一个获得诺贝尔文学奖的人，也是现代爱尔兰文学的创始者。主要作品有《钟楼》《盘旋的楼梯》《驶向拜占庭》等。

■ 年轻有为，创作丰富

1889年，叶芝出版了第一本诗集《乌辛之浪迹及其他诗作》。这虽然是叶芝的第一部作品，但是叶芝在创作风格成熟之后，仍未否定过这部作品，它在一定程度上奠定了叶芝以后诗作的主题风格。这部诗集的题材和语言都带有浓厚的爱尔兰地方色彩，引起了读者强烈的兴趣。

这一年，叶芝还认识了爱尔兰的爱国主义者昂德·冈昂，并爱上了她。之后叶芝帮助她进行革命活动，还为她写了许多优美的诗篇。

这一年开始到1899年，叶芝一直住在伦敦，结交了不少著名的诗人，其中包括王尔德、萧伯纳和摩利斯，他们对叶芝的思想和创作都产生了影响。

1890年，叶芝帮助一批年轻的诗人亚瑟·塞墨斯、里昂纳尔·约翰逊和欧那斯特·莱斯等建立"诗人会社"。这个组织，后来成了英国最重要的世纪末文学社团。

从20世纪初到20年代，受到爱尔兰民族自治运动的影响，叶芝的诗风有了变化，摆脱了唯美主义的倾向，现实主义色彩大大增强，充满着他自己早期所排斥的战斗性和现实感。这时期他写了不少脍炙人口的诗作，如诗集《责任》中的《灰岩》和《一九一六年的复活节》等。

20年代后期到30年代末，是叶芝生活和创作的后期。叶芝在政治和文化思想上，贵族主义倾向比较明显。这一切都反映在他后期的创作上，如著名诗篇《驶向拜占庭》和《拜占庭》。

■ 一生的美梦与噩梦

叶芝俊逸而又深沉，尤其那双眼睛，兼具童真与沉稳。他被艾略特称为"这个时代最伟大的诗人"。然而他的伟大在他的至爱面前却显得那么的苍白无力。

1889年，24岁的叶芝邂逅了美丽高挑、肌肤雪白的昂德·冈昂，并对她一见钟情，不能自拔。从此以后，她便频频出现在叶芝的诗文里。叶芝在诗作中是这样描述昂德·冈昂的："她伫立窗畔，身旁盛开着一大团苹果花；她光彩夺目，仿佛自身就是洒满了阳光的花瓣。"叶芝曾说："我从来没想到会在一个活着的女人身上看到这样超凡的美。"

叶芝和昂德·冈昂是文学伟人与其缪斯（心中女神）之间最苦涩的一个故事。叶芝多次向她求婚，均遭到拒绝。1917年，叶芝最后一次向昂德·冈昂求婚失败时，他已经52岁了。他对昂德·冈昂的可望而不可及的痛楚和喜悦交织、希望和失望相随的情感，成为缠绕叶芝一生的美梦和噩梦。同时也激活了诗人心灵深处的激情，让他的灵魂得到了升华。

他曾写过一首诗《当你老了》，以表达和倾诉对昂德·冈昂深深的爱恋和思念之情，虽然这没能感动他生命中的那个女子，却感动了无数后人。

当你老了（袁可嘉译）

当你老了，
头白了，
睡意昏沉，
炉火旁打盹，
请取下这部诗歌，
慢慢读，
回想你过去眼神的柔和，
回想它们昔日浓重的阴影；
多少人爱你青春欢畅的时辰，
爱慕你的美丽、假意或真心，
只有一个人爱你那朝圣者的灵魂，
爱你衰老了的脸上痛苦的皱纹；
垂下头来，
在红光闪耀的炉子旁，
凄然地轻轻诉说那爱情的消逝，
在头顶的山上它缓缓踱着步子，
在一群星星中间隐藏着脸庞。

叶芝心中的女神昂德·冈昂

罗曼·罗兰——用音乐进行创作的文学大师

○ 罗曼·罗兰（Romain Rolland, 1866—1944），法国作家、音乐家、社会活动家。巴黎高等师范学校毕业，曾任艺术史、音乐史教授。他早期从事戏剧创作，不仅在文学界享有不朽的地位，也是研究贝多芬最认真的一位专家，以《贝多芬传》为蓝本所发表的《约翰·克利斯朵夫》更是世界文学经典中的经典。人们称他为"用音乐写小说"。1915年获诺贝尔文学奖。

箴言

要散布阳光到别人心里，先得自己心里有阳光。

用音乐进行创作的文学大师罗曼·罗兰

■ 文学大师缘

罗曼·罗兰是幸运的，他曾接触过很多大文豪，比如雨果、甘地、里尔克等等，其中莎士比亚和托尔斯泰对他的影响最深。

14岁时，父母为了让罗曼·罗兰接受良好的教育，从家乡的小镇迁到了巴黎。在巴黎这座艺术之都，都市的疯狂节奏和学校的混乱情形，让他年少的心灵充满了矛盾和困惑。就在他最苦恼的那段日子里，他接触到了莎士比亚的作品，对莎士比亚那些脍炙人口的戏剧心驰神往，而这也对后来罗曼·罗兰的戏剧创作起到了潜移默化的作用。

罗曼·罗兰最景仰的文学大师是托尔斯泰，对他简直是达到了疯狂崇拜的地步。而最令罗曼·罗兰感动的是，他们之间有过一次真诚的书信交流。在托尔斯泰推出新书《那么我们该怎么办》以后，罗曼·罗兰被书中所表达的对莎士比亚和贝多芬及其现代艺术成就的不屑一顾乃至唾弃弄糊涂了，于是他给托尔斯泰写了一封信，表达自己的不解和困惑。

托尔斯泰在回信中详细地讲解了他对现代艺术的理解："在我们的社会中，人们所说的科学和艺术只不过是个弥天大谎。在我们一旦摆脱了传统的迷信之后，往往陷入科学和艺术这种高级的迷信，为了看清楚我们要走的路，我们必须从头做起……真正的科学和艺术成果来源于牺牲，而不是某些优越的物质条件。"这段话对日后罗曼·罗兰向往的"和谐"精神有着无与伦比的指示和警醒作用。

■《约翰·克利斯朵夫》创作期间的人生经历

罗曼·罗兰在《贝多芬传》里有这样一段话："重浊是我们周围的空气。这世界是叫一种凝厚的污浊给闷住了……一种卑琐的物质压在我们心里，压在我们的头上，叫所有民族与个人失去了自由工作的机会。我们会让它掐住喘不过气来。让我们打开窗子好叫天空自由的空气进来。"

或许这就是他创作《约翰·克利斯朵夫》最真实的原因。而这部经典巨著的诞生也与罗曼·罗兰的人生经历息息相关。

罗曼·罗兰的第一任妻子是一位犹太姑娘，她的父亲是语言学家，在巴黎的学术界有着很高的威望。他们起初的婚姻生活是和谐美满的。但是罗曼·罗兰在这里凭着自己微薄的力量根本无法立足，每一次都要妻子帮忙才能获得一些表现的机会。妻子始终认为只有被别人认可的才是有用的东西，而罗曼·罗兰越来越感到自己是在接受别人的恩惠，为了维护自己的尊严，他宁愿放弃现实的利益。经过几次毫无价值的讨论，罗曼·罗兰始终没能和妻子达成共识，最终结束了他们长达8年的婚姻。而离婚以后四处碰壁的经历和生活艰辛的体验，为他以后的创作带来了真实的素材和灵感。

历时9年，罗曼·罗兰终于创作出这部被誉为"20世纪的最高贵的小说作品"——《约翰·克利斯朵夫》。该书讲述了一个音乐天才与自身、与艺术以及与社会之间的斗争，追溯了一个德国音乐家在许多艺术斗争中演变的历程。主人公约翰·克利斯朵夫是一个性格中充满矛盾和不协调的、满怀生命热情却又遭到敌对世界误解的极其诚恳的艺术家。在这个人物形象身上，或多或少可以看出罗曼·罗兰的影子。1915年，罗曼·罗兰凭借该书获得诺贝尔文学奖。

莱蒙特——波兰的左拉

箴言

只有那些从来不动脑筋想一想的人，才能心满意足地把日子过下去！

○ 莱蒙特（Wladyslaw Reymont，1867—1925），波兰作家。代表作长篇小说《福地》《农民》，还写有历史小说《一七九四年》和短篇小说《汤美克·巴朗》《母狗》《死》等。晚年作品带有自然主义色彩，被人批判思想趋向保守，作品比以前逊色。1924年荣获诺贝尔文学奖。

波兰作家莱蒙特

■ 写作生涯

莱蒙特出生于波兰罗兹附近的大科别拉村，父亲是教堂琴师，舅舅是乡村的牧师，受过良好教育，精通拉丁文。

6岁的时候，莱蒙特就已经能读写波兰文，并在舅舅的教导下，开始学习拉丁文。那时候，他在教区图书馆里接触到了许多有趣的书籍，从此沉浸在波兰的历史和古典作品中，一有机会就阅读。

中学的时候，莱蒙特的舅舅去世，父亲因此失去了足够供莱蒙特受高等教育的财源，便送他去学琴，希望他将来成为一名琴师。但莱蒙特不堪父亲的严厉责打，很快就厌烦了练琴，于是他开始外出谋生，过着颠沛流离的生活。他当过小贩、铁路职员，在工厂里干过各种杂活，还做过流浪艺人、写生画家和修道士。早期的打工生涯，让他接触到了大量的下层劳动者，也对沙俄占领下的波兰社会有了广泛的了解。

19世纪80年代末,莱蒙特开始进行文学创作。他早期写了很多短篇小说,如《母狗》《汤美克·巴朗》《正义》等。这些小说揭露了工头、地主、村长、神父等人的狡诈和残暴,刻画了被压迫者勇敢反抗的英雄形象。

90年代中后期,莱蒙特发表了长篇小说《女喜剧演员》及其续篇《烦恼》,以流浪艺人生活为题材,描述了有才华的艺术家在资本主义社会中走投无路的悲惨处境。

之后,他以罗兹的工业发展状况为题材创作了长篇小说《福地》,描写了资本家为了获得超额利润而残酷剥削工人的事实和工人的悲惨生活,对波兰王国19世纪资本主义社会状况进行了全面而深刻的批判,揭示了资产阶级尔虞我诈、弱肉强食的本性。

这部小说的成功让莱蒙特被誉为"波兰的左拉"。

■ 波兰的左拉

莱蒙特为什么被誉为"波兰的左拉"呢?

一方面,是他们的写作风格极为相似。

左拉是自然主义文学流派的领袖,《娜娜》是他的鸿篇巨著《卢贡——马卡尔家族》中一部影响颇大的长篇小说,1981年法国《世界报》曾评论说,左拉"非常真实地描写的19世纪那个巨变的时代,到今天还没有过时,他描绘的那些人物所遇到的一些问题,也正是我们今天所遇到的。"

而莱蒙特的长篇小说《福地》是以罗兹的工业发展为题材,深刻地反映了当时的劳资关系。而另一部伟大的民族史诗式作品《农民》,也具有深刻的纪实性。

另一方面,是他们的经历和身世都十分相似。

左拉7岁时,父亲患肺炎离开人世,从此孤儿寡母过着饥寒交迫的生活。中学毕业后,左拉不得不中断学业。1860年,这个20岁的青年被生活所迫,在巴黎海关堆栈找到一份工作,不久又丢掉了工作。失业期间,左拉穷得经常到当铺典当衣物。

莱蒙特也曾被迫辍学,背井离乡出外谋生。

莱蒙特与左拉有着相同的经历,相似的文风,难怪人们经常将他们相提并论。

← 拍摄于1902年的左拉

高尔基——无产阶级文学之父

苏联作家高尔基像，约1906年

箴言

没有任何力量比知识更强大，用知识武装起来的人是不可战胜的。

○ 高尔基（Максим Горький，1868—1936），苏联无产阶级作家，社会主义现实主义文学的奠基人，代表作有《母亲》《海燕》和自传体长篇小说三部曲《童年》《在人间》《我的大学》。高尔基不仅是伟大的文学家，而且也是杰出的社会活动家，他组织成立了苏联作家协会，并主持召开了全苏第一次作家代表大会，培养文学新人，积极参加保卫世界和平的事业。

■ 刻苦读书的流浪少年

高尔基出生在伏尔加河畔一个木匠家庭，本名阿列克赛·马克西莫维奇·彼什科夫。由于父母早亡，他10岁时便外出谋生，到处流浪。他当过鞋店学徒，在轮船上洗过碗碟，在码头上搬过货物，给富人家做过工。此外，他还做过铁路工人、面包工人、看门人、园丁……

在饥寒交迫的生活中，高尔基依然热爱学习，刻苦读书。

高尔基在一户富人家做工时，一天晚上，主人外出，他欢喜得手舞足蹈，因为这家主人反对他读书，既耽误干活，又浪费灯油。高尔基趁此机会，马上点上蜡烛，到厨房里高高兴兴地看起书来。他越看越入迷，直到门铃响了好几次，他才知道主人回来了，急忙把书藏好了去开门。主人一进门，就狠狠地训了他一顿。

等主人家都睡着了，高尔基又悄悄爬起来，把书拿到窗口去看。虽然月光很明亮，但由于书上的字太小，把眼睛看痛了也看不清。高尔基就爬到神龛下面的凳子上，借着长明灯的灯光看起来。也不知道看了多长时间，他实在累极了，从凳子上摔下来，倒在地上便睡着了。

以"最大的痛苦"向沙俄宣战

高尔基发奋自学,掌握了很多知识,为他的文学创作打下了坚实的基础。只上过两年小学的高尔基在24岁时发表了他的第一篇反映吉卜赛人的生活的短篇小说《马卡尔·楚德拉》,刊登在《高加索日报》上。

报纸编辑读完这篇来稿十分满意,于是通知作者到报馆去。当编辑见到高尔基时大为吃惊,他万万没有想到,能写出这样出色作品的人竟然是个衣衫褴褛的流浪汉。

编辑对高尔基说:"我们决定发表你的小说,但稿子应当署个名才行。"

高尔基沉思了一下说道:"那就这样署名吧:马克西姆·高尔基。"

在俄语里,"高尔基"的意思是"痛苦","马克西姆"的意思是"最大的"。从此,他就以"最大的痛苦"作为笔名,开始了自己的创作生涯。

青少年时期漂泊流浪的生活,让高尔基亲眼看到并亲身体验到劳苦大众在沙皇统治下生活的艰辛,他对腐朽的旧制度充满厌恶和憎恨。他在作品中抨击了沙皇制度的黑暗,揭露了资本主义社会的阶级剥削和压迫。他的作品受到广大读者的欢迎,但沙皇政府对此十分害怕,曾几次监视、拘禁和逮捕高尔基,并将他流放。这些镇压和迫害不但没有使高尔基屈服,反而更加坚定了他斗争的意志和决心。

1906年,高尔基完成了他的长篇小说代表作《母亲》。他在小说中描绘了无产阶级波澜壮阔的革命斗争,塑造了工人党员巴维尔和革命母亲尼洛芙娜的感人形象,极大地鼓舞了工人群众的革命斗志,使沙俄统治者十分惊恐。《母亲》被公认为世界文学史上崭新的、社会主义现实主义奠基作品。

托尔斯泰与高尔基于1900年时的合影

纪德——忠于自己的"背德者"

箴言

在一个骗人的世界里，诚实的人反而会被人当骗子看待。

法国作家纪德

纪德（André Gide, 1869—1951），法国著名作家，是法国小说流派承上启下的作家之一，他的小说打破了以巴尔扎克为首的法国小说传统创作手法，但也没有法国现代小说那么"前卫"。作品虽然有故事、有情节，但已显露出淡化蒙眬的倾向，且随意性很大。1947年荣获诺贝尔文学奖。

性格叛逆，创作丰富

纪德出生在巴黎一个宗教气氛十分浓重的富裕家庭，早年体弱多病，对很多事物都异常敏感。加上父亲的早逝和母亲对他的清教徒式的教育，导致了他的叛逆性格。1882年纪德随母亲来到舅父家，在这里，他爱上了表姐玛德莱娜，向表姐玛德莱娜求婚，却遭到了拒绝。直到20多岁，他一直未和其他女子交往，仍继续向他的表姐求爱，却始终未能如愿。

这时候，他结识了英国作家王尔德和美国作家道格拉斯，他们玩世不恭的生活态度对他影响很大，甚至让他意识到自己的同性恋倾向，并一反清教徒的禁欲主义，开始纵情声色。

1895年5月，玛德莱娜应纪德母亲的临终请求，最终同意与纪德结婚，之后两人过着名义上的夫妻生活。

纪德在文学创作上成就斐然，作品丰富，包括小说、游记、剧本、回忆录和专论等多种体裁，还翻译过许多外国文学作品。其作品文笔清丽精湛，思想深邃细腻，语言温婉和谐，独具古典美。他的三部曲《背德者》《窄门》和《田园交响曲》更是其中影响深远的著作，堪称法国现代文学的丰碑。纪德于1947年获诺贝尔文学奖。纪德于1951年在巴黎病逝，之后其作品被法国天主教教会列为禁书，但他的作品和思想，影响了西方整整三代人，成为西方在现实的压抑下痛苦地追求真诚和自由的心灵必不可少的重要参考。

快乐的自相矛盾

"快乐"是纪德作品中最亮丽的一个词,几乎成为他生活的真谛。快乐、纵欲、生活、幸福、爱……这些主题词构成了纪德作品中鲜明的生命线。

纪德曾明确写道:"人长出牙齿,能咬食咀嚼了,就应当到现实生活中寻求食粮。勇敢点儿,赤条条地挺立起来,你只需要自身汁液的冲腾和阳光的召唤,就能挺立地生长。"在生活中寻求食粮,就是寻求快乐。纪德早年的散文诗集《人间食粮》就是追求生活快乐的宣言。

纪德曾说:"我最喜欢快乐,最讨厌扼杀快乐的一切伦理道德。"然而在人性被所谓的道德禁锢得将要窒息的社会,快乐也是一种奢侈品。哪怕享受大自然的快乐,一不小心也会伤害你所爱并且爱你的人。这种矛盾和冲突,在纪德的作品中体现得淋漓尽致。

纪德说:"人一旦发现自己的样子,就想保持,总是处心积虑地像自己……比起反复无常来,我更讨厌某种坚定不移的始终如一,更讨厌要忠实于本身的某种意志,以及害怕自相矛盾的心理。"变化与否定,贯穿他的一生。纪德在他的作品里总是扮演并变换着角色,绝不会确定为一种哪怕是伟大的角色一直演到终场。就像在《背德者》中扮演放纵的角色,在《窄门》和《田园交响曲》中则相继扮演收敛的角色,用一个完善的艺术形式使之统一,各自成为复杂的活生生的角色。

"没有进展的一种快乐,我嗤之以鼻。"这种自相矛盾的快乐,正是纪德作品的魅力和生命力之所在。

▲ 安德烈·纪德,摄于1893年

罗素——泓幽深的智慧之泉

箴言

美好的人生是为爱所激励,为知识所引导的人生。

伯特兰·罗素（Bertrand Russell, 1872—1970），英国数学家、逻辑学家、哲学家。1901年提出了著名的"罗素悖论",引发了20世纪初对数学基础的危机。他与怀特海合作,于1913年完成了名著《数学原理》。提出并成为逻辑主义的代表人物。罗素还是一位蜚声国际的哲学家、政论作家和社会活动家。他的文字清新流畅,幽默睿智,受到各阶层的广泛欢迎,于1950年获诺贝尔文学奖。

▲ 导致第三次"数学危机"的罗素,拍摄于1916年,摄影师不详

"罗素悖论"

一天,萨维尔村的理发师挂出一块招牌:"村里所有不自己理发的男人都由我给他们理发,我也只给这些人理发。"于是有人问他:"您的头发由谁理呢？"理发师顿时哑口无言。

如果他给自己理发,那么他就属于自己给自己理发的那类人。但是,招牌上说明他不给这类人理发,因此他不能自己理。如果由另外一个人给他理发,他就是不给自己理发的人,而招牌上明明说他要给所有不自己理发的男人理发,因此,他应该自己理。由此可见,不管怎样的推论,理发师所说的话总是自相矛盾的。

这是一个著名的悖论,称为"罗素悖论"。这是由英国哲学家罗素提出来的,他把关于集合论的一个著名悖论用故事的形式通俗地表述了出来。

1874年,德国数学家康托尔创立了集合论,很快渗透到大部分的数学分支,成为它们的基础。到19世纪末,几乎全部数学都建立在集合论的基础之上。就在这时,集合论中接连出现了一些自相矛盾的结果,特别是1902年罗素提出的这个极为通俗、简单、明确的悖论,使整个数学大厦动摇了,并产生了所谓的第三次"数学危机"。此后,为了克服这些悖论,数学家们做了大量的研究工作,由此产生了大量新成果,也带来了数学观念的革命。

■ 幽深的智慧之泉

罗素并不仅仅是一个思维严谨的数学家，他在哲学、教育学、社会学、政治学等众多领域里也都颇有建树。他学识渊博，通晓学科之多是20世纪学者中少有的。

罗素的哲学观点多变，以善于吸取别人见解、勇于指出自己的错误和弱点而著称。他在哲学上最大的贡献是和乔治·爱德华·摩尔、弗雷格、维特根斯坦和怀特海一起创立了逻辑分析哲学。

罗素在教育领域的表现也很出色。1927年，罗素和夫人布拉克在英国彼得斯费尔德市附近创办了一所私立学校，实践他的教育理论。这所学校成为当时英国的进步主义学校之一。罗素主张"自由教育"和"爱的教育"，他认为教育的基本目的是品格的发展，而"活力、勇气、敏感和智慧"是形成"理想品格"的基础。他深信通过对儿童的身体、感情和智力上"恰当的处理"，可以使这些品质得到普遍的培养。

罗素还是一个具有强烈社会关怀和责任感的人道主义者、和平主义者，他终其一生热衷于政治活动和社会活动，并且撰写了大量关于政治和社会方面的著作。他的作品中充满正义、良知、睿智、温情，代表作《走向幸福》和《自由之路》最能体现他的风格。

艺术家罗杰·弗莱于1923年以罗素为模特绘制的油画

《走向幸福》以平实的语言和日常生活中生动的例子，细致入微地剖析了人们最基本的两大生存状态"不幸福"与"幸福"的根源。在这本书中，罗素提倡人应该在平衡与宁静中寻找安逸的生活，在努力与舍弃中追求幸福的生活，而他自身可谓是最大的践行者。

罗素2岁丧母，4岁丧父，4次结婚，3次离婚，还坐过牢，种种遭遇却不能阻止他的努力和探索，他在各个领域都有振聋发聩的声音。正如他在《我的人生追求》中所说的那样："有三种简单然而无比强烈的激情左右了我的一生：对爱的渴望，对知识的探索和对人类苦难的难以忍受的怜悯。"

杰克·伦敦——流浪汉文学的鼻祖

箴言

凡是使生命扩大而又使心灵健全的一切便是善良的，凡是使生命缩减而又加以危害和压榨的一切便是坏的。

杰克·伦敦（Jack London，1876—1916），美国著名的现实主义作家。一生共创作了19部中长篇小说，150多部短篇小说，3部戏剧，1部纪实文学和若干政论。代表作有《野性的呼唤》《马丁·伊登》《热爱生命》等。

1916年杰克·伦敦在他的办公室里

只受过小学教育的杰克·伦敦第一次显露出他的创作才能，这要归功于他平时的勤奋学习——他认真阅读文学大师们的优秀作品，并且养成了作笔记的习惯。

后来，杰克·伦敦开始到美国各地流浪，从加利福尼亚到波士顿，又途经加拿大回到太平洋沿岸，还曾因流浪街头而被捕入狱。这种流浪生活为他以后的文学创作提供了丰富的素材。

■ 初次写作拔得头筹

杰克·伦敦家境困苦，自幼就做童工。1893年，17岁的杰克·伦敦登上一艘捕猎船做水手，到白令海一带去捕猎海豹。在远航中，杰克·伦敦增长了阅历，搜集了许多素材，并阅读了一些经典名著。当他返回旧金山时，《呼声报》正在举行一次征文比赛，杰克·伦敦在母亲的鼓励下，尝试着把自己的远航经历写成了一篇散文《日本海上的飓风》参加比赛，结果竟获得了头等奖，得到25美元奖金。

■ 小纸条成了百宝囊

走进杰克·伦敦的屋子，你会看到一幅奇异的景象：窗帘、衣架、柜橱、床头、镜子、墙上，到处贴满了各式各样的小纸条。这些小纸条是杰克·伦敦的百宝囊，上面写满了他搜集来的五花八门的材料，有美妙的词汇，有观察的记录。杰克·伦敦时刻都在学习和搜集素材，他充分利用时间，睡觉前、刮脸时、踱步休息时、外出时，只要有机会就拿出小纸条看一看、想一想、记一记。这些纸条为他创作提供了极大的方便，也经常激发他的灵感。正是这种日积月累的学习和积累，让杰克·伦敦写出了一部部影响深远的光辉著作。

■ 杰克·伦敦的悲剧

杰克·伦敦和马克·吐温，也许是我国读者最熟悉的两位美国作家了，可是两人的结局却大不相同：马克·吐温以75岁高龄病逝在写作岗位上，实践了他"工作是世界上最大的快乐"的信条；而杰克·伦敦却在40岁正值壮年之时，吞服了大量吗啡，在自己豪华的大牧场中结束了自己的生命。

极端的个人主义和尼采的"超人"哲学，把杰克·伦敦带进了一个矛盾的精神世界，使他青年时期具有的向资本主义社会挑战的叛逆者的思想和性格逐渐消退，变成了一个玩世不恭、只知享乐的花花公子。

▲ 杰克·伦敦和朋友们在沙滩上

杰克·伦敦成名之后，生活也随之发生了巨大的变化，财富激增，生活变得越来越奢华。他曾在1913年用了10万美元（在当时是一笔惊人的数目）耗时4年建造了一所名叫"娘居"的别墅，但在落成后即将迁居时，忽然起火焚毁。这位已经跻身上流社会的大作家，看了看10万美元化成的废墟，只是摆了摆手，宣布将另建一个庄园。这时的杰克·伦敦已经陷入了拜金主义的泥潭而不能自拔，他为了得到更多的钱，开始粗制滥造，写了一些完全背离自己信念的低劣之作，令广大曾拥戴他的读者们大为失望。

他在1911年时还说："我如果自己能够做出选择的话，除了写一篇说明我对资产阶级世界是多么鄙视的社会主义者的文章外，我什么也不会下笔。"可是在1916年1月，他却公开声明脱离自己曾经积极参与活动的美国社会党。

这位曾经饱尝人世艰辛，也曾经用自己手中的笔为社会底层的不幸者呼喊过的作家，随着他的成名和发财，沉沦到了极端个人主义的深渊。1916年11月22日，杰克·伦敦以自杀的方式结束了他传奇而又矛盾的一生。

学生励志名人馆

海伦·凯勒——播撒爱的盲聋女作家

箴言

只要朝着阳光，便不会看见阴影。

○ 海伦·凯勒（Helen Keller，1880—1968），美国作家，社会活动家、教育家。她以自强不息的顽强毅力，在安妮·莎莉文老师的帮助下，掌握了英、法、德等5国语言，完成了她的一系列著作，并致力于为残疾人造福，建立慈善机构，被美国《时代周刊》评为美国十大英雄偶像，荣获"总统自由勋章"。主要著作有《假如给我三天光明》《我的生活》《我的老师》等。

人生的奇迹

著名作家马克·吐温说："19世纪有两个值得关注的人，一个是拿破仑，另一个就是海伦·凯勒。"海伦·凯勒被美国《时代周刊》评选为"20世纪美国十大偶像之一"。在海伦·凯勒长达88年的一生中，她仅在生命的前19个月里像普通人一样享有光明和声音，之后就陷入了黑暗和沉寂之中。然而，就是这样一个又盲又哑的残障人，却以惊人的毅力克服生理缺陷，创造了人生的奇迹。她不但学会了读书、说话，还掌握了英语、法语、德语、拉丁语、希腊语五种语言，完成了在哈佛大学拉德克利夫学院的学业，成为人类历史上第一位获得文学学士学位

▲ 患有视障与听障的美国作家、社会运动家及讲师——海伦·凯勒

的盲聋人。她一生致力于服务残障人士和教育事业，为改善美国盲人的工作和生活条件四处奔走，为美国盲人基金会和美国海外盲人基金会（现名为海伦·凯勒国际组织）广筹善款。她还先后完成了 14 部影响巨大的著作，启迪世人勇敢地接受生命的挑战就能够赢得生命中的光明。

■ 把爱播撒给所有不幸的人

在海伦·凯勒 19 个月大的时候，一场持续不退的高烧让她的脑部受到了伤害，从此她的眼睛看不到，耳朵听不到，后来，甚至连话也说不出来了。

禁锢的世界让海伦变得性格乖戾，脾气暴躁。7 岁那年，家里为她请了一位家庭教师，这就是影响海伦一生的莎莉文老师。莎莉文小时候眼睛也差点儿失明，所以了解失去光明的痛苦。在她的朝夕陪伴和耐心引导下，海伦终于走出无尽的黑暗和孤寂，并学会了表达和沟通。

莎莉文老师为了让海伦接近大自然，让她在草地上打滚，在田野跑跑跳跳，在地里埋下种子，爬到树上吃饭，还带她去摸刚出生的小猪，去河边玩水。而从海伦开始学认字到她进入哈佛大学拉德克利夫学院学习并取得优异成绩的这些年来，莎莉文一直陪在她身边，用爱和智慧帮助这个不幸而又幸运的孩子。

1936 年，和她朝夕相处 50 年的老师离开了人世，海伦十分悲痛。海伦知道，如果没有老师的爱，就没有今天的她。她一生创造的奇迹，都与这位杰出的聋哑儿童教育家密不可分。她决心要把老师给她的爱发扬光大。于是，海伦不断为改善残障人的生活和工作条件而奔波，全心全力为那些不幸的残疾人服务。她的著作《假如给我三天光明》《老师》等给世界带来了鼓舞人心、激励斗志的巨大精神力量，她坚强的意志和对慈善事业做出的卓越贡献感动了全世界。

莎莉文老师把最珍贵的爱给了海伦·凯勒，海伦·凯勒又把爱播撒给所有不幸的人，带给他们光明和希望。1968 年，海伦·凯勒以 89 岁高龄逝世，用她的一生谱写出人类文明史上辉煌的生命赞歌。而她的名字也已成为坚韧不拔意志的象征。

▶ 1888 年 7 月海伦·凯勒与老师安妮·莎莉文

温赛特——了不起的挪威女性

西格丽德·温塞特，摄于1927年

箴言

要做一个襟怀坦白、光明磊落的人，不管是在深藏内心的思想活动中，还是在表露于外的行为举止上都是这样。

○ 温赛特（Sigrid Undset，1882—1949），挪威女作家，代表作有三部曲《克里斯汀·拉夫兰的女儿》《珍妮》《马湾的主人》等。1928年获诺贝尔文学奖。

■ 与文学结缘

温赛特是挪威距今最近的一位诺贝尔文学奖获得者（其他两位分别是1903年获奖的挪威剧作家比昂逊和1920年获奖的汉姆生），被誉为伟大的叙事天才。在她获得诺贝尔奖之前，她的作品就被译成了几种最具影响力的文字出版。时至今日，她的作品仍然在世界范围内广泛流传。而这样一位了不起的文学界的女性，其实与文学的缘分来得相当不易。

温赛特的父亲是著名的考古学家，母亲则对挪威和欧洲文化十分熟悉。由于家庭的影响，她从小就对历史，特别是挪威的中世纪史产生了深厚的兴趣。11岁时，父亲撒手人寰，留下母亲靠着微薄的收入抚育3个年幼的女儿。于是，16岁的温赛特放弃了上大学的梦想，在克里斯丁亚那一家商行任职，并在那里工作了10年之久。这段经历让她接触到了中下层人民的生活，为她以后的写作积累了素材，同时有条不紊的办公室例行事务也让她学会了如何持之以恒地创作她的文学作品。

温赛特16岁就开始尝试文学创作，因为白天有工作，所以她的创作多是在深夜以及周末和假日进行。就是在这些业余时间里，她掌握了扎实的写作技巧，并在22岁时完成了她的第一部小说，这是她多年来深夜秉烛达旦的结晶。

■ 妇女问题是创作的中心主题

温赛特一生致力于探讨妇女问题。作为一个女作家,至今没有谁可以和她比肩。从长篇小说《珍妮》开始,温赛特便在自己的一些中长篇小说中描写年轻妇女的现实生活。

后来,温赛特出版了一系列以当时克里斯丁亚那(挪威首都奥斯陆的旧称)为背景的小说。小说深刻表述了在那特定的年代里一批特定妇女的心态——她们孤立无援,既不能反抗传统,也不愿从现存的社会制度中寻求庇护。在她们眼里,传统与现有的社会秩序是一种令人深恶痛绝的负担和枷锁,她们或为追求幸福铤而走险,不惜牺牲自己的前途;或在犹豫彷徨中禁锢终生;或一时失足而堕入风尘——为了幸福,她们付出了高昂的代价。

妇女的地位问题是温赛特写作的中心主题。她认为妇女的幸福不在于摆脱一切束缚,而在于履行具体的人生义务,这和她的感情经历有很大的关系。在罗马期间,她邂逅了挪威画家安德斯·卡斯图斯·斯瓦斯塔,他们一见钟情。斯瓦斯塔花了近3年时间才获准与前妻离婚,与温赛特结婚,但后来他们婚姻的破裂使得温赛特深受打击。

■ 荣膺诺奖

1922年,温赛特凭借《克里斯汀·拉夫兰的女儿》首次被提名为诺贝尔文学奖的候选人。那年提交瑞典文学院讨论的相关研究报告对温赛特的这部作品赞赏备至。一位教授这样写道:"在当代文学中,只有廖廖几部作品能跟温赛特的《克里斯汀·拉夫兰的女儿》相比,这部作品已成为挪威文学的一座里程碑。"从这评语中,我们可以看出人们对这部巨著欣赏的程度。

1928年,温赛特再次被提名为诺贝尔文学奖候选人。在众多的候选人中,经过几番激烈的角逐,温赛特最终以她的著名三部曲《克里斯汀·拉夫兰的女儿》力挫群雄,赢得殊荣。

▲ 温赛特故居

卡夫卡——异化的天才

箴言

人们为了获得生活，就得抛弃生活。

一生平凡而短暂的弗朗茨·卡夫卡，摄于1906年

○ 卡夫卡（Franz Kafka，1883—1924），奥地利小说家。他是奥匈帝国的臣民，却生长在捷克的布拉格，又曾在一家意大利保险公司做小职员。他的母语是德语，血统却是犹太人，但他又与犹太人的生活、宗教和习俗保持着很大距离。他只能带着暧昧、尴尬的身份把自己幽闭在自己孤独的小世界里，关注一些他认为更重要的事情，比如个体在一个异质的世界面前的孤独、不适与绝望。而正是这些，成就了他与众不同的文学成就。

■ 平凡而短暂的一生

卡夫卡出生在布拉格一个中产阶级家庭，兄妹4人，他是长子。他的父亲是一个白手起家的犹太籍百货批发商，专横、粗暴，是家庭中的"暴君"，因为自己的店铺是以寒鸦作店徽，而寒鸦在捷克语中叫作"卡夫卡"，便给儿子取名"卡夫卡"。卡夫卡中学毕业后，一度学过文学和医学，但不久便迫于父命进入布拉格德语大学攻读法律，并取得法学博士学位。毕业后，卡夫卡在法院实习了一年，随后就在一家意大利保险公司工作。自1908年起直到1922年因病离职为止，他始终在这个半官方的工人工伤事故保险所任职，平生足迹也只到过邻近的德国、法国、意大利和瑞士的一些城市。他曾三次订婚，又三次主动解除婚约，始终没有建立自己的家庭。只是在他去世前半年，与一位名叫多拉·迪曼特的希伯莱语女教师以同居方式一起生活，直至他离开人世。卡夫卡自1917年患上结核症，此后一直身体羸弱，1924年6月，年仅41岁的卡夫卡病逝于维也纳郊外的基尔林疗养院。

■ "异化"的业余作家

卡夫卡自幼喜爱文学，尤其喜欢阅读和研究易卜生、斯宾诺莎、尼采、克尔恺郭尔及达尔文等人的著作。他在大学读书时就开始文学创作，并常与挚友马克斯·布洛德一起参加布拉格的一些文学活动。1908年就业至1922年离职的十多年间，他利用业余时间写出了《审判》《城堡》《美国》三部长篇小说、数十篇短篇小说以及日记、书信，不下几百万言。

卡夫卡的作品大多气氛阴郁、神秘，情节离奇荒诞，表现了被充满敌意的社会环境所包围的人与人之间的隔绝，成为那个时代资本主义社会的精神写照：异化现象，难以排遣的孤独和危机感，无法克服的荒诞和恐惧。在代表作《城堡》中，他把人生的荒诞感发挥得淋漓尽致。在《变形记》中则着意阐发了人的异化，沉重的肉体和精神上的压迫，使人失去了自己的本质，异化为非人，这部作品是卡氏艺术上的最高成就。

■ 生前默默无闻，死后世人瞩目

卡夫卡生前几乎默默无闻，他的作品只有极少数是在他生前发表的。他的第一部小说集《观察》，第一版共印了800册，5年后还有一大半积压在仓库里。卡夫卡也曾说，在布拉格一家著名的书店，他的书几年来共售出了11册，其中有10册是他自己买的。直到第二次世界大战后，卡夫卡才受到世人瞩目。1963年，卡夫卡的故乡在他80周年诞辰之际举行了国际性的卡夫卡学术讨论会。之后，卡夫卡便成了世界上最重要、最有影响力的作家。黑塞说："我相信，卡夫卡也将永远属于那样一些人物之列：他们创造性地，尽管是充满痛苦地表达出了伟大变革的预感。"卡夫卡研究随即也成了西方的一门"显学"，他的作品不仅成为新学科的研究对象，还在大学里被列为最热门的选修课之一。有很多作家都深受卡夫卡文学的影响，如残雪、格非、余华等中国作家。日本作家村上春树也爱读卡夫卡的作品，还创作了一部长篇小说《海边的卡夫卡》，塑造了一位自称田村卡夫卡、背负命运诅咒远走异乡的孤独少年形象。

位于布拉格的卡夫卡铜像

奥尼尔——现代戏剧的奠基人

箴言

当人在追求不可企及的东西时，他注定是要失败的，但是他的成功是在斗争中、在追求中。

多次获得殊荣的尤金·奥尼尔

奥尼尔（Eugene Gladstone O'Neill，1888—1953），美国著名剧作家，现代戏剧的奠基人和最重要代表，对美国现代和当代戏剧有深远影响。主要作品有《琼斯皇》《毛猿》《天边外》《悲悼》等。奥尼尔被誉为"20世纪美国戏剧传统的开创者"。

■ 多次获得殊荣的作家

奥尼尔生于纽约的一个演员家庭，青年时期便研读了自古希腊以来的经典戏剧作品，并于1914年在哈佛大学选修戏剧技巧方面的课程，开始戏剧创作。他是位多产作家，一生创作了独幕剧21部，多幕悲剧20多部，题材广泛，风格多样。

奥尼尔的剧作可以说是美国严肃戏剧、实验戏剧的起源，标志着美国民族戏剧的成熟，是美国文学史上的一座丰碑。评论界曾说："在奥尼尔之前，美国只有剧场；在奥尼尔之后，美国才有戏剧。"

奥尼尔生前3次获普利策奖，分别是在1920年、1922年和1928年，获奖作品有《天边外》《安娜·克里斯蒂》和《奇异的插曲》。他自认为并得到公认的最好作品是《进入黑夜的漫长旅程》，这部剧作带有自传的性质。1956年，这部剧作在他死后首次在瑞典上演，又一次获得了普利策奖。

1936年，奥尼尔"由于他那体现了传统悲剧概念的剧作具有的魅力、真挚和深沉的激情"，凭借《榆树下的欲望》获诺贝尔文学奖，成为美国戏剧界唯一享此殊荣的剧作家。

奥尼尔去世后，按他的要求，墓碑只镌"奥尼尔"三字，但他在美国戏剧史上烙下的辉煌印记却是永不磨灭的。

■ 作家趣事

奥尼尔爱喝酒，而且经常喝得酩酊大醉。他在普林斯顿上大学时，就因酗酒闹事被开除学籍。新婚之夜，他又喝得不省人事。第二天早上醒来，他发现身旁躺着一个女人。

他奇怪地问道："你究竟是谁？"

"你昨天晚上娶了我。"新娘惊讶地看着他说。

奥尼尔第一次，也是最后一次去夜总会时，夜总会老板向大家宣布，美国最伟大的剧作家就在来客当中。人们很快就发现了奥尼尔，他不得不起身鞠躬答礼。当他准备离开时，侍者递上一份60美元的账单。奥尼尔接过账单看了片刻，拿出一支铅笔在上面写道："一个鞠躬60美元。"而后扬长而去。

▲ 1922年，卡洛塔·蒙特利与奥尼尔在普利茅茨剧院演出，蒙特利后来成为奥尼尔的第三任妻子

■ 奥尼尔的悲剧艺术

奥尼尔的悲剧作品有着深邃的思想内涵和哲理寓意，其中最重要的原因就是他深受古希腊文化的影响，正如他所说："对我的创作影响最大的是我所读的所有戏剧——尤其是古希腊悲剧。"无论是在悲剧的主题和题材，还是在表现手法等方面，古希腊悲剧都为奥尼尔提供了创作灵感和源泉。不过，在汲取和借鉴古希腊悲剧的基础上，奥尼尔还大胆创新，独辟蹊径，将自己的悲剧创作融入了许多现代戏剧的因素，从而形成了自己独特的悲剧艺术。

有人曾经这样评价奥尼尔的作品："洋溢着20世纪的悲剧意识，警醒人类正视现实、正视自我，而不廉价地讨好和怂恿世人。"他的儿子也说："表面看来，我父亲对人生的看法是悲观的，可内里却有一种根深蒂固的理想主义，有一种要使世界合乎愿望的梦想……我父亲不仅仅是我生平了解的一个最敏感的人，而且是古往今来具有最崇高理想主义的人。"

艾略特——走过荒原的传奇

艾略特的妻子于1934年为他拍摄的照片

箴言

我们有望得到的唯一的智慧，是谦卑的智慧。

艾略特（Thomas Stearns Eliot，1888—1965），英国诗人、文学评论家、剧作家。祖籍英国，出生在美国密苏里州圣路易斯。1906年进入哈佛大学攻读哲学，1914年定居英国，曾任教师、银行职员、出版社编辑，1915年转向诗歌创作和文学批评。1948年凭借诗歌《四个四重奏》获诺贝尔文学奖。

■ 《荒原》问世，影响深远

1922年，艾略特的成名作——《荒原》横空出世，它是20世纪西方文学史上一部跨时代的作品，是现代派诗歌的一座里程碑，是现代文学史上的一次革命。《荒原》问世之初，它复杂的象征性语言、镶嵌艺术品一般的技巧、博学隐喻的运用等诸多方面，都令人颇为费解。艾略特曾为《荒原》加了50多条注释，但读者发现连注释都不好理解。著名诗人兼评论家阿伦·塔特第一次读《荒原》时一个字也看不懂。但艾略特在诗中所表现的技巧和远见，对当代人和后代产生了深远的影响。

这部作品展示了艾略特对20世纪困境的关注。作为诗人兼社会评论家，艾略特具备一种深远的眼光，一种崭新的思想体系。他告诉人们，到20世纪文化已濒临崩溃的边缘，现代人正面临着是毁灭还是创造的选择，而艾略特以"罕见的想象的诚实"描写了这种选择。

《荒原》——当它以晦涩而娴熟的文字形式最终显示出它的秘密时，无不让人感受到这个标题凄凉的含义。这篇凄凉而低沉的叙事诗意在描写现代文明的枯燥和无力，而在一系列现实景象与神化景象的相互撞击中，又产生了难以形容的整体效果。

◼ 传奇人生

艾略特出生于美国密苏里州圣路易斯，父亲经商，母亲是诗人。1906年，艾略特进哈佛大学攻读哲学和英法文学，并走上了象征诗歌的创作道路。1910年到巴黎索邦大学研究哲学和文学。1913年，任哈佛大学哲学系助教。1914年，赴伦敦牛津大学学习希腊哲学。1915年，与薇薇安·海伍德结婚并定居英国，1917—1920年先后当过教师、银行职员、杂志编辑。1922年，创办文学评论季刊《基准》。1926年，任牛津大学讲师。1927年，加入英国国籍和国教。1933年，与患精神病的妻子海伍德分居。1952年，任伦敦图书馆馆长。1956年与秘书维莱丽·弗岚切结婚。1965年1月4日在伦敦逝世。

艾略特从1909开始诗歌创作，主要作品有《普鲁弗洛克的情歌》《荒原》《东方贤人之旅》《灰色星期三》《四个四重奏》等，被称为"但丁最年轻的继承者之一"。

20世纪30年代以后，艾略特则主要从事戏剧创作，并试图创立一种现代的诗剧模式，主要作品有《大教堂凶杀案》《全家重聚》《鸡尾酒会》《机要秘书》《政界元老》等。

艾略特还是一个重要的文论家，他写有著名的文学论文《传统与个人才能》和《诗的三种声音》等评论，还在《圣林》和《论诗与诗人》等文章中提出了诗歌创作与评价的原则。

艾略特的创作与评论对20世纪西方文学产生了巨大影响，也让他获得了许多荣誉。1948年"由于他对当代诗歌做出的卓越贡献和所起的先锋作用"获得诺贝尔文学奖。他还获得过大不列颠帝国荣誉勋章和自由奖章。1964年美国总统林登·约翰逊对他的缺席授奖。

▲ 艾略特的妻子薇薇安（左）与朋友们一起打球时的照片，由著名艺术家社会活动家 Ottoline Morrell 夫人拍摄

赛珍珠——被遗落的美国『珍珠』

箴言

他们那散漫着的青春的怒火，收敛起来，成为剧痛的失望，成为深刻到不能言喻的反感。

○ 赛珍珠（Pearl Buck，1892—1973），美国女作家。生于传教士家庭，曾长期侨居中国。1922年开始写作，主要作品有《大地》《东风、西风》《分家》《市民》等，还曾翻译中国小说《水浒传》。1932年获普利策小说奖，1938年获诺贝尔文学奖。

▲ 与中国人民结下不解之缘的赛珍珠，摄于1932年

■ 赛珍珠的中国情结

很多中国人都熟悉赛珍珠这个名字，但是人们并不知道她的原名叫什么，其实这是美国女作家Pearl Buck给自己起的中文名字。

赛珍珠的一生与中国结下了不解之缘。她出生在弗吉尼亚州西部，父母是传教士，自幼就随父母来到中国，17岁时回美国攻读心理学，毕业后又来到中国，在淮安（清江浦）、镇江、宿州、南京、庐山等地生活了近40年，1934年才回到美国定居。她在镇江生活了18年，称镇江是她的"中国故乡"。

对赛珍珠来说，中国的许多地方都让她有家的感觉，而在美国她却有种离家的感觉。她热爱中国，热爱中国文化，精通汉语，被称为"中国通"。她创作了很多以中国社会面貌为题材的文学作品，如《大地三部曲》《异邦客》《东风、西风》等，对中国农民生活进行了丰富与真实的史诗般描述。她还将中国古典名著《水浒传》译为英文，译名为《四海之内皆兄弟》，她是将《水浒传》推向世界的第一人。她在诺贝尔奖授奖仪式上的致谢词也表达了她对中国文化的热爱和赞美，她说，中国的古典小说与"世界任何国家的小说一样，有着不可抗拒的魅力"，"一个真正受过良好教育的人，应该知道《红楼梦》《三国演义》这样的经典之作"。

但作为一个作家，赛珍珠的双重身份是很尴尬的。身为一个美国人，她的作品却大多取材于中国，于是长期被中美两国的文学界排斥在外，甚至在中国受到了相当长时间的不公正的待遇，即使是新中国成立后，文艺界的极左人士仍称她为"美国反动文人"和"美帝国主义文化侵略的急先锋"。

1972年，美国总统尼克松访华。两个月后，赛珍珠也向新闻媒体宣布自己即将访华，但遭到拒绝。没人知道赛珍珠的确切感受。此后不到10个月，赛珍珠就与世长辞了。

到了20世纪八九十年代后，中国人民才对赛珍珠有了比较公允的评价。

中华民族的友人

南京大学校园里有好几处名人故居，除了北园的何应钦公馆、南园的孙中山居所和拉贝故居外，北园西墙根下便是赛珍珠故居了。

在这所普通的洋房里，赛珍珠和她的丈夫布克（时任金陵大学农学院教授，赛珍珠任金陵大学外文系教授）带着他们的女儿度过了10多年的时光。就是在这所房子里，赛珍珠写出了她的处女作《放逐》和后来获得诺贝尔文学奖的《大地》等众多作品。也是在这所房子里，赛珍珠与布克的婚姻走到了尽头，两人于1934年离婚。

此后赛珍珠一直处于中美两国的夹缝之间。值得欣慰的是，为纪念她为中美文化交流做出的贡献，2000年5月，南京大学正式给赛珍珠故居挂牌，赛珍珠国际基金会主任梅瑞狄斯·理查德森女士以及赛珍珠母校——美国伦道夫·梅肯女子学院的院长夫妇也率领15人的师生代表团出席了揭幕典礼。

▲ 1938年赛珍珠在斯德哥尔摩音乐厅从瑞典国王古斯塔夫手中获得诺贝尔文学奖证书

赛珍珠是世界上唯一的以写中国题材的作品而获诺贝尔文学奖的美国作家，我们有理由相信，赛珍珠和她凝聚着中国情结的作品，必将得到中国人民更加广泛的重视与喜爱。

福克纳——酒鬼导师

威廉·福克纳，摄影师卡尔·范维克滕摄于1954年

箴言

艺术比人们想象的要简单些，因为可以写的是那么的少。

○ 福克纳（William Faulkner，1897—1962），美国作家。第一次世界大战时在加拿大空军服役，1925年后专门从事文学创作。美国意识流文学的代表人物，美国文学史上最具影响力的作家之一，被西方文学界视为"现代的经典作家"，共写了19部长篇小说和70多部短篇小说。1949年获诺贝尔文学奖。

■ 文学，其实也是生活

福克纳出生于美国密西西比州的新奥尔巴尼，在传统气息浓厚的南方长大。其实，福克纳本名为"William Falkner"（没有"u"），写作生涯的早期，一位编辑错将他的名字拼为"Faulkner"，福克纳也就决定将错就错地使用下去。

福克纳一生多产，代表作品有《喧哗与骚动》《我弥留之际》《圣殿》《八月之光》《熊》等，也曾出版低俗类型的小说《圣地》，其邪恶、堕落、腐败的主题伴随浓厚的南方哥特风格在今日仍然影响着通俗文学。

福克纳被认为是20世纪30年代唯一一位真正意义上的美国现代主义作家，他的作品最大的外在特点是绵延婉转，结构极为繁复的长句子和反复斟酌推敲后选取的精巧词汇比比皆是，他的写作风格与欧洲文学实验者乔伊斯、普鲁斯特等人遥相呼应，大量运用意识流、多角度叙述和陈述中时间推移等富有创新性的文学表现手法。他的《喧哗与骚动》也与马塞尔·普鲁斯特的《追忆似水年华》、詹姆斯·乔伊斯的《尤利西斯》并称为意识流小说的三大杰作。

福克纳的作品里什么都有，美好的和丑陋的，以及既不美好也不丑陋的，但就是没有那些多余的化妆和打扮，就像他打着赤脚游手好闲的样子。他写下的精彩篇章让人着迷，让人感叹，同时也让我们发现这些精彩的篇章并不比生活高明，因为它们就是生活。他是这个世界上为数不多的始终和生活平起平坐的作家，也是为数不多的能够证明文学不可能高于生活的作家。

■ 不为诺奖陶醉 只求美酒一醉

福克纳是个出名的酒鬼，一生都沉湎于美酒之中，曾多次因酒精中毒被送进医院。福克纳喝酒是为了文学创作，借助酒来寻找灵感，没有酒就写不下去，这点和中国唐代大诗人李白有些相像。人逢喜事精神爽，据传他在遇到喜事之后会加倍豪饮，而且经常躺在床上喝，还要家人带酒来陪他。

1949年，当他得知自己获得诺贝尔文学奖后，便准备在去瑞典之前大醉一场。家人怕他在领奖的时候还醉醺醺的，便改动了去瑞典的日期，福克纳知道真相后，仍然一直喝到了真正启程那天。

他在诺贝尔文学奖的颁奖典礼上做出了精彩的感言："我拒绝接受关于人类末日的说法……我相信人类能够忍受艰难困苦，也终将会获胜。"

▶ 山楸橡树，福克纳过去的府邸，1977年收入国家史迹名录

■ 大师们的导师

许多作家的创作明显受到福克纳的影响。加西亚·马尔克斯称福克纳为导师，他的成名作《枯枝败叶》被公认为是对福克纳的一次成功模仿。法国作家克洛德·西蒙模仿福克纳时空颠倒、多角度叙事的意识流手法，被认为是福克纳的学徒。中国作家余华说："影响过我的作家很多，比如川端康成和卡夫卡，可是成为我师傅的，我想只有福克纳。他让我知道如何去对付心理描写。"2010年诺贝尔文学奖得主略萨曾说："对我文学创作产生影响最大的是萨特的哲学思想和福克纳的文学技巧……他是第一个让我一边看小说一边记笔记的作家。"2012年诺贝尔文学奖得主莫言也曾多次表示福克纳是他的导师，他说："读了福克纳之后，我感到如梦初醒，原来小说可以这样写。"

海明威——永不言败的文坛硬汉

箴言

人生来就不是为了被打败，人能够被毁灭，但是不能够被打败。

海明威（Ernest Hemingway，1899—1961），美国小说家。曾参加过第一次世界大战，后以记者身份参加了第二次世界大战和西班牙内战。晚年患多种疾病，精神抑郁，1961年自杀。他的早期小说《太阳照样升起》《永别了，武器》成为表现美国"迷惘的一代"的主要代表作。凭借《老人与海》获得1954年的诺贝尔文学奖。

1928年，年轻的海明威正在钓鱼

■ 向画家、作曲家学习

海明威是位多才多艺的作家，虽然他的文学成就已经极高，但他仍然坚持学习。他在埋头创作的同时，每年都要读些莎士比亚的剧作以及其他著名作家的著作，此外他还精心研究奥地利作曲家莫扎特、西班牙油画家戈雅、法国现代派画家谢赞勒的作品。他说，他向画家学到的东西跟向文学家学到的东西一样多。他特别注意学习音乐作品基调的和谐和旋律的配合，并将其运用到创作中，使他的小说情景交融、浓淡适宜、语言简洁清新、独创一格。

■ 改到出版前最后一分钟

海明威写作态度极其严肃认真，对作品的质量要求很高，十分重视对作品的修改。他每天开始写作时，先把前一天写的读一遍，写到哪里就改到哪里；全书写完后又从头到尾改一遍；草稿请人打字誊清后又改一遍；最后清样出来再改一遍。他认为这样多次大修改是写好一本书的必要条件。他的长篇小说《永别了，武器》初稿写了6个月，修改又花了5个月，清样出来后还在改，最后一页一共改了39次才满意。《丧钟为谁而鸣》的创作他花了17个月，脱稿后天天都在修改，清样出来后，他又连续修改了96小时。他的写作主张是去掉废话，把一切华而不实的词句统统删去，这就造就了他简洁利落的写作风格，被誉为"文坛硬汉"。

不凡的气度

第二次世界大战时,美国海军炮艇"塔图伊拉"号停泊在英国威尔士,莱德勒少尉在炮艇上服役。一个星期天,他在一个"不看样品"的拍卖会上,用30美元竞拍到一个密封的大木箱。打开木箱,里面是两箱威士忌。许多围观的人愿出30美元买一瓶酒,都被莱德勒婉言谢绝,因为他不久将调走,想留着这些威士忌开一个告别酒会。

嗜酒的海明威当时正好在威尔士,他也想买这些威士忌,于是便找到莱德勒,希望买6瓶酒,莱德勒以同样的理由拒绝了。

海明威掏出大把的美钞说:"卖我6瓶酒,你要多少钱都行!"

莱德勒沉默了一会儿,说:"好吧,我用6瓶酒换你6堂课,你教我怎样成为一个作家,如何?"海明威答应了。

海明威认认真真地为莱德勒上了5堂课,准备上最后一堂课时,他临时有事要离开威尔士。莱德勒陪他去机场,海明威说:"我绝不会食言,现在就给你上第6堂课。"

海明威说:"在描写别人之前,首先自己要成为一个有修养的好人……第一,要有同情心;第二,以柔克刚,千万别讥笑不幸的人。"

莱德勒疑惑不解地问:"做好人与写小说有什么相干?"

海明威一字一顿地说:"这对你的整个生活都是至关重要的。"

临别前,海明威突然转过身来说:"朋友,为你的告别酒会发请柬前,务必把你的酒抽样品尝一下!"

回到炮艇后,莱德勒打开威士忌品尝,发现里面装的竟然全都是茶水,莱德勒不禁为海明威的宽厚气度深深折服。

1953—1954年,海明威在非洲与水牛的合影

海明威对美国文学影响深远,在今天,美国文学仍然受着海明威的影响。著名小说家艾尔莫·雷纳德(Elmore Leonard)称海明威是对他影响最大的人,他曾说:"我以模仿海明威来学习……直至我发现自己并没能模仿他对生命的态度。我并没有像他那般对自己或任何事都存认真的态度。"

川端康成——雪国的苦寂精灵

箴言

一个人，在大家的爱戴中逝去是最好的。

1938年时的川端康成

川端康成（1899—1972），日本小说家。生在大阪，幼年饱经丧亡，孤独忧郁伴其一生。曾任记者、杂志编辑、大学讲师、日本笔会会长等。1924年与其他作家一起创办《文艺时代》杂志，是新感觉派代表作家之一。此后参加新兴艺术派和新心理主义文学运动，一生创作小说100多篇，中短篇多于长篇，作品富有抒情性，追求人生升华的美，深受佛教思想和虚无主义影响。1968年荣获诺贝尔文学奖。1972年在工作室自杀。

伊豆的舞女

川端康成身世凄苦，1岁丧父，2岁失母，7岁祖母身亡，11岁姐姐离世，16岁祖父逝世，他甚至有了一个绰号"参加丧礼的名人"。接连失去亲人的悲痛让他内心苦闷，性格孤僻，不愿与人交往。川端康成20岁时，一次伊豆温泉之行改变了他的人生。

在去汤岛的途中，川端康成遇见了一位舞女。那舞女美丽而温婉，头上盘着大得出奇的旧式发髻，使她的鹅蛋脸显得小巧玲珑。偶然的邂逅，让川端康成的心灵迸发出爱的火花，他被这个美丽的少女深深地迷住了。他一路追随着这个美的偶像，却又掩饰着心迹，生怕被人窥破。通过4天的结伴而行、朝夕相处，这些心地善良、性情淳朴的艺人让他感受到了人间的温暖。而那位美丽的舞女，也让他从幼年起就紧闭的心扉透进了美的阳光。

回到学校，川端康成变化很大，他一改过去的沉郁悲观，向同学们滔滔不绝地讲述他在伊豆的见闻，兴奋得不能自已。后来，他开始创作诗歌和小说，还将自己的伊豆之行及与舞女的相处经历，写成了小说《伊豆的舞女》，并于1926年发表，在各国读者中产生了深远的影响。

创作特点

川端康成的创作经历了一个颇为曲折的发展过程。战前他的创作分为两类,一类是描写他的孤儿生活,抒发他的孤独感情和痛苦感受的作品,如《精通葬礼的人》《十六岁的日记》,另一类是描写处于社会下层的人物,尤其是下层妇女的悲惨遭遇,表现她们对生活、爱情和艺术追求的作品,《招魂节一景》《伊豆的舞女》《温泉旅馆》《雪国》等是这类作品的代表。

战后川端康成的创作尤其复杂。一方面,他继续创作表现人们生活和情感的作品,其中或反映某些社会问题,或表达对普通人民的同情,或流露作者积极的审美情趣,《舞姬》《名人》《古都》等作品堪称代表;另一方面,他又写出《千只鹤》《睡美人》《一只胳膊》等一批表现官能刺激的作品,他继承了日本传统的风雅精神,并独创了空虚的幻影的描写,超越了世俗的道德而纯粹地表现人体的美,是日本美的另一种象征。

永诀的散步

川端康成还有一个绰号——"搬家名人"。从伊豆到麻布,又从高圆到热海、浅草、大森力,随着一次次的搬家,战后的世态人情、风俗和现实也让川端康成的失望日益加重。

川端康成喜欢清静。1968年10月17日,外国通讯社的记者打电话告诉川端康成,瑞典文学院决定授予他1968年度诺贝尔文学奖。川端康成在得到这一消息后,第一个反应竟是对妻子说:"不得了,到什么地方藏起来吧。"他惊慌失措,害怕受到喧嚣和干扰。络绎不绝的祝贺电话,蜂拥而至的新闻记者,不但没有给川端康成带来快乐,反而使他感到厌烦和充满倦意。

1972年4月16日下午2点45分,川端康成对家人说:"我散步去。"这是他留在人间的最后一句话。后来人们在工作室发现了他,他口含煤气管,枕边放着打开瓶盖的威士忌酒和酒杯,已自杀身亡。

川端康成曾对自杀身亡的古贺春江的口头禅极为赞赏,而作为艺术家的他选择在工作室结束生命,也说明了他的用意:"再没有比死更高的艺术了。死就是生。"

▲ 1946年时的川端康成

肖洛霍夫——顿河边的战士

箴言

生活总是用自己的不成文法支配着人类。

1938年时的肖洛霍夫

肖洛霍夫（Михаил Александрович Шолохов，1905—1984），20世纪苏联文学的杰出代表，是具有独特艺术风格和世界声誉的文学巨匠。代表作《静静的顿河》，是当代世界文学中流传最广的名著之一。1956年与1957年之交，肖洛霍夫发表了《一个人的遭遇》，轰动一时，开苏联卫国战争题材作品之先河。1965年荣获诺贝尔文学奖。

战争中成长的作家

肖洛霍夫出生在顿河维申斯克镇，他一生中绝大部分时间都在那里度过。俄国国内革命战争时期，顿河地区的斗争十分激烈和残酷，肖洛霍夫不仅是这场战争的目击者，而且也是红色政权的建设者。

1941年6月22日，希特勒入侵苏联，肖洛霍夫随即投入战斗，先后担任《真理报》和《红星报》记者，写了不少战地通讯和以战争为题材的短篇小说。其中，1942年发表的《学会仇恨》对激发苏联人民仇恨法西斯的感情起到了重大的作用。

肖洛霍夫连续参加了4年卫国战争，同战士们一起斗争，并几次与死神擦肩而过。有一次他乘坐的汽车遭到敌机扫射，一颗子弹从离他只有二三十厘米的地方飞过。斯大林格勒战役期间，有一次他乘坐的飞机在着陆时坠毁，他受了重伤，造成脑震荡和内脏错位，更加不幸的是，他的母亲也在这次战役中被炸死在家门口。

肖洛霍夫就是这样通过亲身经历目睹了战争的残酷，体会了人民的苦难，也遭遇了家破人亡的悲剧。残酷的经历和刻骨铭心的情感，促使肖洛霍夫创作出震撼人心的战争小说，获得了千百万读者的热烈追捧。

肖洛霍夫的长篇小说《静静的顿河》，反映了顿河哥萨克民族在历史转折时期的生活和命运，是苏联文学中的史诗式作品。他在小说《新垦地》中描写了顿河格列米雅其村进行社会主义改造的疾风骤雨般的历史变革。他的短篇小说《一个人的遭遇》，则深刻地反映了法西斯的侵略战争给苏联人民带来的深重灾难，歌颂了苏联人民强烈的爱国主义精神、博大的胸怀和不可摧折的意志。

■ 猎物——诺贝尔奖

1965年，肖洛霍夫"由于他在描绘顿河的史诗式的作品中，以艺术家的力量和正直，表现了俄国人民生活中的具有历史意义的面貌"获得诺贝尔文学奖。

当这一消息传来时，肖洛霍夫正在森林里打猎。后来，在接受采访时，他说："当我得知获得诺贝尔文学奖的那天，正好朝天上放了两枪，除了掉下两只大雁之外，还十分意外地掉下了诺贝尔文学奖。"

这位在战争中成长起来的作家在颁奖仪式上以真诚的发言打动了每个人，他说："我作为一个作家，无论过去和现在都认为自己的天职在于，用我过去和将来的一切作品，向劳动的人民、建设的人民、英雄的人民表示敬意……我希望我的书，能够帮助人们变得更完美，心灵更纯洁，能够唤起对人的爱，唤起人们积极地为人道主义和人类的进步理想而斗争。如果我多少能做到这一点，我就是幸福的。"

■ 肖洛霍夫对中国的影响

1928年，《静静的顿河》第一部在莫斯科《十月》杂志上发表，第二年鲁迅先生便约请贺非翻译，并亲自校订，还撰写了后记。1931年，鲁迅将《静静的顿河》的中译本编入"现代文艺丛书"，由上海神州国光社出版。此后，肖洛霍夫的作品几乎每发表一部，都很快被介绍到中国来。

肖洛霍夫对中国作家的文学创作产生了深远的影响，主要表现在四个方面：一是客观真实的创作原则。二是关注普通人命运的创作立场。三是魅力无穷的人性刻画。四是魂牵梦萦的乡土情结。

加缪——西西弗斯的预言

箴言

所有伟大的事迹和伟大的思想都有荒谬的开头。

▲ 1957年时的阿尔贝·加缪

加缪（Albert Camus，1913—1960），法国小说家、戏剧家、评论家、哲学家，存在主义的领军人物，"荒诞哲学"的代表。出生在阿尔及利亚的蒙多维城，幼年丧父，生活极为艰难。第二次世界大战期间，积极参加反法西斯地下运动。1942年因发表《局外人》而成名。1957年获诺贝尔文学奖。1960年1月4日死于车祸。

苦难的童年

加缪的童年可谓是贫穷和苦难的集合，虽然加缪说"世界不是我的敌人，我的童年是幸福的"，但他在他的作品中不止一次地描述过他苦难的童年。

加缪10个月时，他的父亲便在第一次世界大战中负伤身亡，母亲带着幼小的加缪来到生活在贫民区的外祖母家。外祖母粗暴、傲慢、专横，对孩子非常严厉，有时甚至用牛筋鞭子抽打他们，毫无年老之人对孙辈的疼爱之心。温柔的母亲也不知道怎么疼爱孩子，只能眼睁睁地看着孩子们被打。家在加缪的眼里成了"贫穷、肮脏、令人厌恶的地方"。

读完小学后，外祖母要加缪去做工，赚钱贴补家用，多亏老师热尔曼的上门劝说和鼓励、帮助，加缪才得以靠奖学金继续完成学业，为日后进入大学深造以及从事创作奠定基础。

一代法国人的良心

1957年12月10日，瑞典文学院将诺贝尔文学奖授予加缪，这引起了文学界的强烈争议，在法国意识形态左派和右派中都有敌对的声音。

不过还是有许多正面的声音在支持他，比如马丁·杜·加尔称赞他的意志能超越挫折带来的痛苦，莫里亚克则直接称他为"年轻一代的良心"。英美国家对他的获奖也非常欢迎，深具影响力的

《纽约时报》称赞："这是从战后混乱中冒出来的少有的文学之声,充满既和谐又有分寸的人道主义声音。"《时代》周刊也高度赞扬他的人道主义精神。

第二次世界大战后,法国有两位"精神领袖"级别的人物,一是萨特,另外一个就是加缪。加缪的思想核心就是人道主义,人的尊严问题一直是贯穿着他的创作、生活和政治斗争的根本问题。《西西弗斯的神话》和《局外人》就是其中的代表。在《西西弗斯的神话》中,加缪预言西西弗斯是幸福的,他认为只有幸福的生活才符合人的尊严,被责为永罚,却幸福,这绝对是一种反抗,也是在那种条件下唯一可能的反抗形式,而反抗才能体现尊严。

■ 哲学思想永远存在

加缪曾说："在我看来,没有什么比死在路上更蠢的了。"然而,命运之神却跟他开了个天大的玩笑,1960年1月4日,他在一场车祸中丧生。加缪罹难的消息迅速传遍了世界,尽管当时法国广播电台正在闹罢工,但罢工委员会还是同意了播放5分钟的哀乐以悼念加缪。世界各国的报纸也纷纷在头版头条刊登加缪车祸身亡的消息。

作为"荒诞哲学"的代表,加缪在他的作品中深刻地揭示人在异己的世界中的孤独、个人与自身的日益异化,以及罪恶和死亡的不可避免,但他在揭示世界的荒诞的同时却并不绝望和颓丧。他主张在荒诞中奋起反抗,在绝望中坚持真理和正义。他直面惨淡人生的勇气、"知其不可而为之"的大无畏精神,使他在法国、在欧洲,乃至在全世界成为"存在主义文学"的领军人物及精神导师。虽然加缪离开了人世,但他严肃的哲学思想却永远存在于人们心中。

扩展阅读

▶ 西西弗斯是希腊神话中的人物,是希腊古城科林斯的建立者和国王。他曾绑架了死神,让世间没有了死亡。然而他的行为无疑触犯了众神,诸神为了惩罚西西弗斯,便要求他把一块巨石推上山顶,但那巨石太重了,每当他即将推上山顶时就又滚下山去……周而复始,永无休止,直至他将生命消耗殆尽。诸神认为再也没有比做这种无效又无望的劳动更为严厉的惩罚了。

▲ 德国画家 von Stuck 于 1920 年创作的作品《西西弗斯》

马尔克斯——不止百年的孤独

加夫列尔·加西亚·马尔克斯像

箴言

对于死亡，我感到的唯一痛苦是没能为爱而死。

马尔克斯（Gabriel Garcia Marquez，1927—2014），哥伦比亚作家、记者。出生在马格达莱纳省阿拉卡塔卡镇。1947年开始从事文学创作，1948年任《观察家报》记者，1961—1967年侨居墨西哥，从事文学、新闻和电影工作。1971年获美国哥伦比亚大学名誉文学博士称号，1972年获拉美文学最高奖——委内瑞拉加列戈斯文学奖，1982年获诺贝尔文学奖和哥伦比亚语言科学院名誉院士称号。马尔克斯作品风格被称为"魔幻现实主义"。

■ 不为人知的孤独

马尔克斯的魔幻现实主义代表作品《百年孤独》，似乎也是他自己一生的写照。

在《百年孤独》发表之前，马尔克斯在拉丁美洲文坛之外并不出名，他的书流传的范围也十分有限。他不仅感到孤独，而且时常陷入一种文学创作的枯竭之中。他的友人、智利小说家何塞·多诺索曾这样描述成名前马尔克斯的状况："我看到加西亚·马尔克斯好像很消沉，很忧郁，被文学上的困境折磨着，他的这种困境与埃内斯托·萨瓦托一再遭遇的困境以及与胡安·鲁尔弗的永恒的困境一样，在日后将被人们广为流传。"

马尔克斯自己也坦言创作时经常有一种孤独感。他还说："作家最理想的写作环境，上午在一个荒岛，晚上在一座大城市。上午，作家需要安静；晚上，作家得喝点酒，跟至亲好友们聊聊天。"这种观点和福克纳的想法可谓是如出一辙——"作家最完美的家是妓院，上午寂静无声，入夜欢声笑语。"

■ 主要著作

马尔克斯是一个天才的小说家，创作了19部小说。他于1967年发表的小说《百年孤独》是一部"再现拉丁美洲历史社会图景的鸿篇巨著"，风格独特，既气势恢宏又奇幻诡异，描述了布恩蒂亚家族百年的兴衰、荣辱、爱恨、福祸以及文化与人性中根深蒂固的孤独，内容涉及社会和家庭生活的方方面面，是拉丁美洲历史文化的浓缩投影。

1985年的《霍乱时期的爱情》是马尔克斯获得诺贝尔文学奖后出版的第一部小说，它讲述了一段长达半个多世纪的三角恋，展现了种种不可思议的爱情和爱情的不可思议，小说穷尽世间爱情，洞穿爱情真相，充满了对生活的思考，被马尔克斯称为"一个老式幸福的爱情故事"。这部著作是马尔克斯最受欢迎的一部作品。

2004年出版的《苦妓追忆录》，是马尔克斯在患病多年的情况下完成的，这部小说不仅是对爱情的礼赞，也可视作献给生命的颂歌，获第26届《洛杉矶时报》图书奖的小说奖。

J·K·罗琳——魔法世界的创造者

箴言

冷漠与忽视注注比明白的厌恶造成更多伤害。

J·K·罗琳的签名

J.K.罗琳（Joanne Kathleen Rowling，1962年生），英国女作家，从小喜欢写作和讲故事。24岁那年，在前往伦敦的火车旅途中，她总感觉一个瘦弱、戴着眼镜的黑发小巫师一直在车窗外对着她微笑。7年后，罗琳把这个名叫哈利·波特的男孩的故事推向了世界，哈利·波特成为风靡全球的童话人物。《哈利·波特》已经注定在现代出版史上留下最传奇的一页，全球4亿册的辉煌销售数字使它成为全球最畅销的作品。

■ 最戏剧性的选择

一段短暂的婚姻结束后，J.K.罗琳独自带着3个月大的女儿生活。由于找不到工作，她只能靠微薄的失业救济金养活自己和女儿，生活极其艰辛。在开始创作哈利·波特系列小说的第一部《哈利·波特与魔法石》时，罗琳因为自家的屋子又小又冷，时常到家附近的一家咖啡馆去写作，把哈利·波特的故事写在小纸片上。《哈利·波特与魔法石》完稿时，罗琳穷得没钱影印稿子，只能用打字机一个字一个字敲打出两大本书稿。

由于没出过书，不知该向谁投稿，她只好到图书馆查阅《作家和艺术家年鉴》，并凭着感觉挑选了克利斯多夫·里特做她的经纪人。而罗琳这一戏剧性的选择让两人的世界发生了翻天覆地的变化。当然，这两人当时一点儿都无法预知将来的结果。

《哈利·波特与魔法石》一出版便受到瞩目，受到全世界读者的喜爱，好评如潮，全球大卖。J.K.罗琳也在一夕之间从贫穷的单身妈妈跻身为家喻户晓的国际畅销书作家，还获得了包括英国国家图书奖儿童小说奖以及斯马蒂图书金奖在内的各种奖项。

随后，罗琳分别于1998年与1999年创作了《哈利·波特与密室》和《哈利·波特与阿兹卡班的囚徒》，同样获得了成功。随着第四部《哈利·波特与火焰杯》、第五部《哈利·波特与凤凰社》、第六部《哈利·波特与"混血王子"》的问世，世界范围的"哈利·波特热"持续升温，创造了出版史上前所未有的神话。2007年，罗琳完成第七部《哈利·波特与死亡圣器》的创作，为哈利·波特系列小说画上了圆满的句号。她说："七部书的情节已经足够了，再写下去就像是要捞钱了，我做不到。"

Part 2 Chinese article

第二章 中国篇

在浩如烟海的中国五千年文明史中，我国灿烂的文化造就了一大批文学大家。而从古至今，从《楚辞》到散文的流变，从新乐府到唐诗宋词的繁荣，从唐传奇到宋话本的产生再到四大名著的源远流长和元杂剧、散曲的韵调婉转，以及现代文学的经典深沉，这些不朽的成就都是由我国伟大的文学大师创造的。

本章选取了25位在中国文坛中地位举足轻重、著作等身的文学大师，以通俗易懂的语言文字，附有珍贵的古版插图，为读者展现了中国文学瑰宝创造者的人生历程和创作生涯，让读者从中领略中华文化的博大精深。

屈原——中国文学史上第一位伟大的诗人

明代画家陈洪绶的作品《屈子行吟图》

箴言

尺有所短，寸有所长。物有所不足，智有所不明。

○ 屈原（约前340—约前278），战国时期楚国人，是我国历史上伟大的爱国诗人。在楚国民歌的基础上创造了新的诗歌体裁"楚辞"，对后世的诗歌创作产生了深远的影响。主要作品有《离骚》《九章》《九歌》等。他一生忧国忧民，在诗中抒发了炽热的爱国主义思想感情，体现了他对理想的不懈追求和为此九死不悔的决心。

■ 政治理想难施展，汨罗江上把躯捐

战国时期，齐、楚、燕、韩、赵、魏、秦七国连年混战，土地荒芜，民不聊生。战国七雄当中，以秦国实力最为强大。屈原因出身贵族，又明于治乱，娴于辞令，所以很受楚怀王的宠信，官至左徒。屈原对内积极辅佐怀王变法图强，对外则坚决主张联合各国抗秦，积极促成了韩、赵、魏、楚、燕、齐六国结成联盟。联盟的力量，制止了强秦的对外扩张，楚国一度国富兵强、威震诸侯。

屈原得到了怀王的重用，也受到了上官大夫、公子子兰等人的忌恨。他们屡进谗言，诬陷屈原，使怀王对屈原渐渐疏远。

此时，秦国派张仪离间齐、楚两国，破坏六国联盟。张仪骗取了怀王信任，瓦解齐楚联盟。屈原力主重修齐楚之好，却在子兰等人的排挤下，被怀王逐出郢都，流放到汉北。

怀王三十年，屈原回到郢都。秦昭王"邀请"怀王在武关（今陕西商洛东）相会，怀王不听屈原等人劝告执意入秦，被秦扣留，两年后客死异国。

怀王死后，屈原要求继位的顷襄王联络各国一同对抗秦国，顷襄王不听。子兰又指使靳尚到顷襄王面前进谗，于是，屈原又被流放到了沅湘一带。

被流放的日子里,屈原日夜忧心,爱国的火焰在他心里燃烧,可自己又无能为力,便将满腹的忧愁愤恨都写成诗篇,把自己的理想、遭遇、痛苦和热情融入其中,著成传世名作——《离骚》。

顷襄王二十一年,秦将白起占领郢都。遭到两次流放的屈原闻讯后,昏昏沉沉地来到汨罗江边,他既无力挽救楚国的危亡,又深感自己的政治抱负无法实现,最终悲愤难当,抱起江边的石头跳入江中,以身殉国。

屈原与端午节

爱国诗人屈原跳江殉国的消息传来,楚国百姓哀痛异常,纷纷赶到汨罗江边寻找屈原。人们划起船只,在江上来回打捞,可是一直都打捞不到屈原的尸体。为了不让水中的鱼虾把屈原的身体吃掉,他们就在江上敲锣打鼓,希望能将鱼虾赶跑;把鸡蛋、米饭等食物用粽叶包上,投入江中喂给鱼虾吃;还把雄黄酒倒入江中,想要药晕蛟龙水兽,以免屈原的身体受到伤害。粽叶包饭,后来发展成了粽子。

屈原虽遭谗被疏,被流放,但他始终以祖国的兴亡、人民的疾苦为念;他明知忠贞耿直会招致祸患,却始终"忍而不能舍也";明知救国无望,却未曾出走他国,最终于悲愤交加之中,自沉于汨罗江。他对祖国的无限忠诚和"可与日月争光"的高洁品格,值得后世永远铭记。

元代画家张渥根据屈原的名作《楚辞·九歌》创作的《九歌图卷》(局部),画作秀劲婉转,线条纤细飞扬,体现了元代的白描风格

屈原投汨罗江这一天是农历五月初五,本是欢庆丰收的日子,大家为了纪念这位伟大的爱国诗人,就在每年的农历五月初五这天,举行划龙舟、包粽子等活动,百姓们还会挂菖蒲剑,喝雄黄酒,预防邪气的侵害。这样就形成了现在的端午节。

司马迁——通古今之变，成一家之言

司马迁（约前145或前135—？），字子长，西汉夏阳（今陕西韩城）人。西汉伟大的史学家、文学家、思想家，被后人尊为"史圣"。他"究天人之际，通古今之变，成一家之言"，创作出中国第一部纪传体通史——《史记》，这部史学巨著是中国史书的典范。

箴言

人固有一死，或重于泰山，或轻于鸿毛，用之所趋异也。

西汉史学家、文学家司马迁

世代史官，学识渊博

司马迁的祖上好几辈都担任史官，父亲司马谈是汉朝的太史令。司马迁10岁时就跟随父亲来到长安，在父亲的教导下学习古文书传。司马谈有志于撰写一部记录中华民族数千年历史的史著，并把希望寄托在司马迁的身上。司马迁曾向今文经学家董仲舒学《春秋公羊传》，又向古文家孔安国学《古文尚书》。20岁时，他开始行万里路，从京师长安南下漫游，足迹遍及江淮流域和中原地区，所到之处考察地方风俗、文物古迹，采集历史资料和地方传说。不久他仕为郎中，成为汉武帝的侍卫和扈从，多次随驾西巡，曾出使巴蜀。

后来，司马迁继承父职，任太史令。他尽览皇家藏书、档案，整理和考证历史资料。到41岁那年，他开始动笔撰写《史记》。

仗义执言，触怒龙威

天汉二年（公元前99年），武帝派宠妃李夫人的哥哥李广利领兵讨伐匈奴，另派别将李陵随从李广利押运辎重。李陵带领步卒5000人出居延，孤军深入与匈奴单于遭遇。匈奴以8万骑兵围攻李陵。经过8昼夜的战斗，李陵部队斩杀了匈奴兵1万多人，但由于得不到李广利率领的主力部队的后援，结果弹尽粮绝，不幸被俘。

李陵兵败的消息传到长安后，武帝听说他投降匈奴，愤怒万分，满朝文武也都附和汉武帝，指责李陵的罪过。

汉武帝询问太史令司马迁的看法，司马迁说："李陵只率领五千步兵，深入匈奴，孤军奋战，杀伤了许多敌人，立下了赫赫战功。在救兵不至、弹尽粮绝、走投无路的情况下，仍然奋勇杀敌。就是古代名将也不过如此。李陵虽陷于失败之中，而他杀伤匈奴之多，也足以显赫于天下了。他之所以投降匈奴，一定是想寻找适当的机会再报答汉室。"

司马迁的仗义执言触怒了汉武帝，汉武帝认为他是在为李陵辩护，有意贬低战败而归的李广利，于是下令将司马迁打入大牢。

■ 遭受酷刑，隐忍著书

司马迁被关进监狱以后，酷吏杜周对他进行严刑审讯，但面对酷刑，他宁死不屈。

后来，有传闻说李陵带匈奴兵攻打汉朝，汉武帝信以为真，便处死了李陵的家人。司马迁也因此事被处以死刑。据汉朝的刑法，死刑有两种减免办法：一是拿50万钱赎罪，二是受腐刑（即宫刑，割掉生殖器官的酷刑）。司马迁拿不出这么多钱赎罪，他宁愿自杀也不愿受对人格极大的侮辱的腐刑。可他又想："人固有一死，或重于泰山，或轻于鸿毛。如果就这样轻易死去，《史记》由谁来完成呢？"于是，他毅然忍受残酷的腐刑，决心活下去，把《史记》写完！

50岁那年，司马迁被释放出狱，他把全部心血都倾注到《史记》中。他用了14年的时间，终

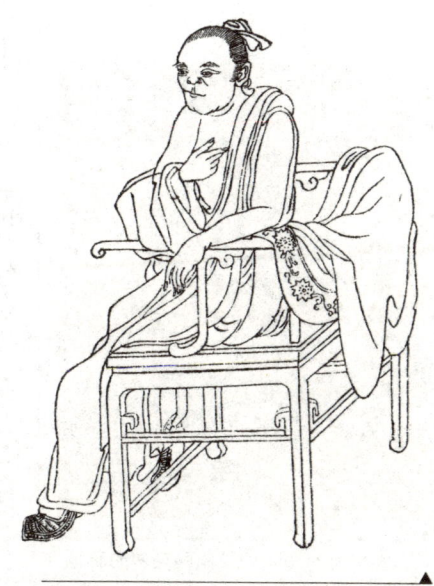

司马迁画像，出自1921年出版的由清代画家上官周创作的《晚笑堂竹庄画传》

于写成了这部50多万字的史学巨著。《史记》是我国的第一部纪传体通史，记载了上至黄帝时代，下迄汉武帝太始年间共3000多年的历史，反映了我国汉代以前3000年间政治、军事、经济、文化各方面的发展过程。这是司马迁历经艰辛、用毕生的精力写出的一部闪耀着光辉的伟大著作，具有极高的史学和文学价值，被鲁迅先生誉为"史家之绝唱，无韵之离骚"。

陶渊明——高风亮节的田园诗人

明代著名画家陈洪绶绘制的陶渊明画像（局部），现藏于檀香山艺术学院

箴言

不戚戚于贫贱，不汲汲于富贵。

陶渊明（365 或 372 或 376—427），名潜，字渊明、元亮，号五柳先生，浔阳柴桑（今江西九江市西）人，东晋时期诗人、文学家。他被称为"田园诗人"，诗作多是山水田园诗，意境清新，纯朴自然，对后代诗歌有很大影响，代表作品有《桃花源记》《五柳先生传》等。

▎无拘无束，乐在田园

陶渊明出身于没落的官宦家庭，他的曾祖父陶侃是东晋开国元勋，祖父曾任太守，他自己也曾多次为官，可他为人耿直，不喜官场的阿谀奉承，于是又屡次归隐。田园生活才是他真正想要的。

晚年的陶渊明在南山脚下开垦了十几亩土地，在柴桑村里盖了几间草房，房后栽杨柳，堂前种桃李，在屋前、陋室聚友吟诗，浅酌小饮，陶醉在美丽的田园风光之中，过着"采菊东篱下，悠然见南山"的归隐生活。此外，他和村民们一样，每天早出晚归，过着艰苦而愉快的生活。他的《归园田居》就是对诗人归隐生活和愉悦心情的真实写照。

种豆南山下，草盛豆苗稀。
晨兴理荒秽，带月荷锄归。
道狭草木长，夕露沾我衣。
衣沾不足惜，但使愿无违。

陶渊明寄意田园，创作了如《桃花源记》《五柳先生传》《归去来兮辞》等很多脍炙人口的山水田园诗文。他最著名的作品为《桃花源记》，描述了一个他所憧憬的桃花源——一个和谐美好且没有战乱，自食其力的理想社会，与乌托邦一样，代表了美好的生活理想。他的创作清新自然，是浪漫的自然主义的最高表现。他开创了田园诗的体系，从而使中国古典诗歌达到了一个新的境界。他恬静自然的写作风格和超凡脱俗的人生哲学也为后世所推崇。

明代著名画家仇英绘制的《桃源仙境图》(局部),现藏于波士顿美术博物馆

■ 不为五斗米折腰

陶渊明生性淡泊名利,虽然生活贫寒、常常入不敷出,但他仍然沉醉于读书作诗的归隐生活。

陶渊明也曾做过州里的小官,但由于看不惯官场上的那套恶劣风气,不久便辞官回家了。后来,他还陆续做过一些地位不高的官职,过着时隐时仕的生活。

东晋安帝义熙元年(公元405年),陶渊明在朋友的劝说下,再次出任彭泽县令。有一天,郡里派督邮到彭泽视察。县吏闻讯后,赶紧告诉陶渊明说:"那是上面派下来的人,官阶虽低,却有权势,到太守面前汇报全凭他那张嘴,大人如果怠慢了他,他必定会乘机大做文章,对大人不利啊。所以请大人赶紧穿戴整齐,恭恭敬敬地去迎接。"

陶渊明听后长长叹了口气:"我不愿为了小小县令的五斗米薪俸,就低声下气去向这些人献殷勤。"说完,就挂冠而去,又归隐田园了。

陶渊明当彭泽县令,不过80多天,他这次弃职而去,便永远脱离了官场。

此后,他一面读书为文,一面农耕劳作。后来由于农田不断受灾,房屋又被大火烧毁,家境越来越贫寒,生活越来越窘迫。但他安贫乐道,始终不愿再为官受禄,甚至连江州刺史送来的米和肉也坚拒不收。朝廷曾征召他任著作郎,也被他婉拒。

公元427年,陶渊明在贫病交加中离开人世。他原本可以生活得富贵些,至少衣食不愁,但他却不肯趋炎附势,这种"不为五斗米折腰"的气节和高洁的品行,为后世所景仰。

王维——盛唐"诗佛"

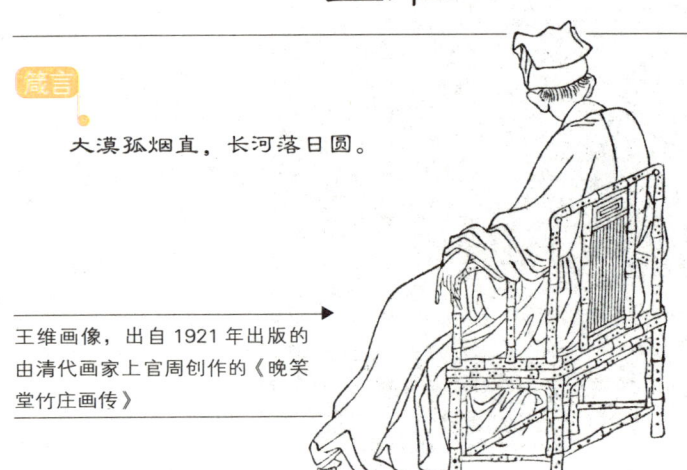

箴言

大漠孤烟直,长河落日圆。

王维画像,出自 1921 年出版的由清代画家上官周创作的《晚笑堂竹庄画传》

王维(701—761),字摩诘,蒲州(今山西永济)人,唐玄宗开元九年进士。曾一度奉使出塞,官至尚书右丞,有《王右丞集》。王维诗作空灵澄净,富有禅意,擅长山水和边塞题材,律诗和绝句。兼通音乐,精于绘画,擅长人物、山水、肖像、丝竹等。苏轼称他诗中有画、画中有诗。

重阳作诗寄相思

王维自幼聪颖,9 岁时便能作诗写文,后来他通过自己的勤奋努力,创作了很多的优秀诗篇,最终成长为盛唐时期的杰出诗人。

王维 17 岁那年上京赶考,在父母亲友的送行和祝福中启程去往京城。

王维来到京城后,被京城的繁华景象惊呆了:街上车辆川流不息,人群熙熙攘攘、摩肩接踵,豪宅府邸金碧辉煌,亭台楼阁林立,商号店铺生意兴隆……好一派繁荣昌盛、欣欣向荣的太平景象。

王维找到一间安静的客栈住了下来,在这里安心学习。身处热闹的京城,王维时常感到孤单,于是十分思念家中亲友。

一转眼,九九重阳节到了,王维想:"在家乡的时候,每逢重阳,亲友们便相约去高处游玩,而今年却单单少了我一人。"他便放下书本,登上了京城的高处,眺望远方的家乡,写下了"独在异乡为异客,每逢佳节倍思亲。遥知兄弟登高处,遍插茱萸少一人"的千古佳句,寄托对亲人的思念。

与孟浩然的莫逆之交

王维和孟浩然都是盛唐时期著名的山水田园诗人,结下了深厚的友谊。他们一见如故,引为知己,常在一起吟诗作文,谈禅诵佛。

一日,两人从大荐福寺道光禅师处出来,王维邀孟浩然到家中小坐,孟浩然欣然前往。

王维夫人为他们备好一桌酒菜,两人落座对酌。诗人喝酒,当然不能无诗,于是两人推杯换盏,吟诗为乐,不觉都已微醉。他俩一个是应试不第,一个是辞官不仕,对于那些朝廷之上的当权者,都嗤之以鼻。评论了一番当朝显贵后,两人又借着酒兴吟诵了自己的近作,不觉已近深夜。王维夫人收拾了盘盏,又收拾出一间空房安顿孟浩然休息,孟浩然醉眼迷离,和衣而卧。

次日清晨,王维夫人早早送上洗漱用具,孟浩然不好意思地对王夫人说:"昨天贪杯,多有打扰。"

王夫人答道:"孟先生休要这样说,我家官人平时在家很少与人往来,有孟先生这样能和他谈得来的人与他做伴,喝酒吟诗,你看他精神为之一振,这是求不得的好事,谈何打扰?今后望能常来才好呢!"

王维听到夫人的话,便说:"我家偏院还空着几间房子,孟兄何不索性搬到我这里来住,我们不是便可朝夕相处、终日谈诗了吗?"

孟浩然听了,很是感动:想不到我一个落第举子,能受到前科状元如此厚待。人人都道世态炎凉,看来也不能一概而论。但是他已决定归隐故乡,便说:"王大人,王夫人,你们待孟某一片诚心,孟某没齿难忘。但自今春不第之后,我已在长安滞留半年多了,长安绝非我原来所想象的那样,竟是这样的卑微世俗,这样的地方,当然是容不得我孟浩然了,所以我决定要回到家乡去。"

王维听了孟浩然的话,不免感伤失落,心想,刚刚结识了一位志趣相投的朋友,又要分别了,便说:"孟先生真的要走吗?长安既然俗不可耐,我们何不另辟天地,像陶渊明那样隐居自乐呢?"孟浩然去意已决,王维挽留不住。之后,临行前,孟浩然作诗《留别王维》,与王维惜别。

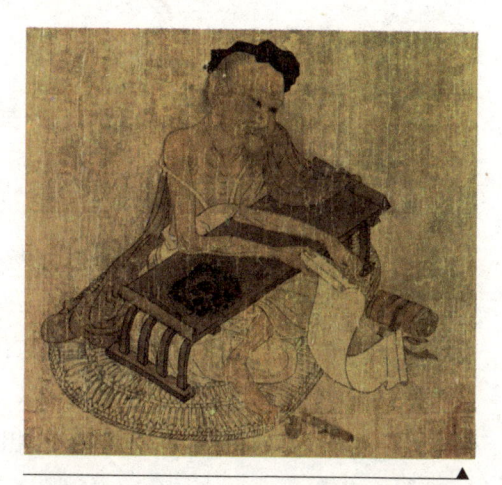

王维的名作《伏生受经图》(局部),现藏于日本大阪市立美术馆

王维多才多艺,不仅诗作成绩斐然,书画方面也很有造诣。他创立了水墨山水画派,此外,还兼擅人物、花竹,精通山水画,对山水画贡献极大,被称为"南宗画之祖",《历代名画记》以"画山水体涉古今"赞誉他在山水画方面的贡献。其代表作有《伏生受经图》《辋川图》《雪溪图》等。明代董其昌提出"文人画"一词,并首推王维为始祖。

李白——豪放浪漫的"诗仙"

箴言

天生我材必有用，千金散尽还复来。

李白（701—762），字太白，号青莲居士，自称祖籍陇西成纪（今甘肃静宁西南），幼时随父迁居绵州昌隆（今四川江油）。李白是我国唐代伟大的浪漫主义诗人，被誉为"诗仙"。其诗豪放飘逸，想象丰富，语言流转自然，音律和谐多变。他善于从民歌、神话中汲取营养素材，构成其特有的瑰丽绚烂的色彩，达到了屈原以来积极浪漫主义诗歌的新高峰，与杜甫并称"李杜"，是华夏史上最伟大的诗人。

▲ 南宋画家梁楷绘制的《太白行吟图》，现藏于东京国立博物馆

■ 只要功夫深，铁杵磨成针

李白年少时，在成都附近的眉州象耳山钻研诗文书法。日子久了，他便觉得枯燥无味，心生厌倦。一天，他决心离开象耳山。当他走到山下小河边时，遇见一位头发花白的老奶奶蹲在河边磨铁杵。李白非常奇怪，走上前去问老奶奶在做什么。老奶奶指着铁杵说："我要把它磨成针。"李白以为老奶奶在拿他寻开心，不相信老奶奶的话，问道："这么粗的一根铁杵，能把它磨成针吗？"老奶奶意味深长地对李白说："只要功夫深，铁杵磨成针。"李白听了不觉一怔，顿时感慨万分，独自一人在河边沉思良久，从中得到极大启发，悟出了持之以恒的道理。于是，他又坚定地往山上走去，决心继续完成学业。从此，"铁杵磨成针"成了李白的座右铭，他读书刻苦勤奋，终于成为我国文学史上最伟大的诗人。

■ 沉香亭中咏牡丹，醉后写就《清平调》

李白沉香亭咏牡丹的名句，千百年来一直为人们所传诵。一天晚上，唐玄宗与杨贵妃到沉香亭观赏四株名贵牡丹，乐师李龟年领着一班伶人奏乐歌唱。唐玄宗对李龟年说:"赏名花,对妃子,此情此景怎能演唱旧词?"于是急召翰林学士李白进宫作新词。

李龟年急忙去找李白,哪知李白却在酒楼里喝得酩酊大醉。李龟年不敢耽误圣旨,只好叫随从把李白拖到马上,到了宫门前,又叫几人左扶右搀,推到唐玄宗面前。唐玄宗见李白烂醉如泥,便叫侍臣搀到玉床休息,吩咐端来醒酒汤,叫人用冷水喷面解酒。狂放不羁的李白把脚伸向玄宗的宠臣高力士,要他脱靴。高力士无奈,只好憋着一肚子气蹲下来为他脱靴。忙乱一阵,李白才从醉酒中醒来。唐玄宗叫他快作诗助兴,李白微微一笑,拿起笔来,不到一炷香工夫,写就了《清平调》诗三首:

(一)
云想衣裳花想容,春风拂槛露华浓。
若非群玉山头见,会向瑶台月下逢。

(二)
一枝红艳露凝香,云雨巫山枉断肠。
借问汉宫谁得似?可怜飞燕倚新妆。

(三)
名花倾国两相欢,长得君王带笑看。
解释春风无限恨,沉香亭北倚阑干。

这三首诗,语语浓艳,字字流葩,把牡丹和杨贵妃交互在一起写,花即人,人即花,人面花光浑融一片,同蒙帝恩。第一首写仙境群玉山、瑶台,以映衬花容人面。第二首借古喻今,以襄王神女和汉宫飞燕抬高杨贵妃。第三首从仙境古人归到现实,点明唐宫中的沉香亭北和倾国杨妃,

清代画家冷枚绘制的《春夜宴桃李园图》,取材于李白《春夜宴桃李园序》,现藏于中国台北故宫博物院

以第三首的"解释春风无限恨"与第一首的"春风拂槛露华浓"遥相呼应。

古人对李白的这三首《清平调》好评如潮。李白运用豪放浪漫的夸张修辞手法,时而写花,时而写人,言在此而意在彼,语似浅而寓意深,无怪乎深受唐玄宗和杨贵妃以及无数文人雅士的喜爱。而李白醉酒时要高力士为他脱靴的狂放不羁也为后世津津乐道。

杜甫——忧国忧民的"诗圣"

关心百姓疾苦的诗人杜甫

箴言

读书破万卷，下笔如有神。

杜甫（712—770），字子美，世人称杜拾遗、杜工部，原籍湖北襄阳，生于河南巩县。杜甫是我国唐代伟大的现实主义诗人，与李白合称"李杜"，被世人尊为"诗圣"，其诗被称为"诗史"。

■ 与李白结下深厚友谊

杜甫20岁那年，怀着对祖国大好河山的热爱和崇敬之情，周游祖国各地。他离开洛阳，沿着运河，过了长江。秀美的江南风光，丰富的文物古迹，开阔了杜甫的眼界和胸怀，让他感受到祖国河山的雄伟与壮阔。然后，他又北上游览了齐赵大平原，登上了五岳之首泰山。这两次漫游是杜甫一生中最如意的事。

天宝三年（公元744年）夏天，杜甫在洛阳遇见了他慕名已久的大诗人李白。两人志趣相投，一见如故，很快成为非常要好的朋友，结下了深厚的友谊。

当时，李白"诗仙"的名声已经传遍全国，而杜甫在诗坛才初露头角。虽然两人年龄相差11岁，可是他们彼此都很敬重对方。

杜甫拿自己的诗向李白请教。李白读了《望岳》以后十分赞赏，对"会当凌绝顶，一览众山小"两句评价颇高。

两人还相约梁宋之游。在那里，他们遇到了诗人高适，于是三人一起寻访古迹，谈论时事，打猎游玩。

后来，杜甫和李白又相约来到兖州。白天他们一起登临名胜、拜访隐士，晚上畅谈痛饮、品诗论文，喝醉酒就共被酣睡，亲密得像兄弟一样。杜甫还以"醉眠秋共被，携手日同行"的诗句来描述他们这段情如手足的交往。李白也用"思君若汶水，浩荡寄南征"来表达自己对杜甫的思念之情。这两位伟大诗人的友谊在我国诗坛上传为千古佳话。

■ 困居长安，饱经辛酸；百姓疾苦，始放心间

杜甫35岁的时候来到长安，想谋取一官半职，实现自己改变世风、救济百姓的政治抱负。可这时的唐王朝政治越来越腐败黑暗，唐玄宗贪图享乐，李林甫等奸臣当道，杜甫在长安居住了10年，也没有得到重用，生活十分贫穷窘迫。为了糊口，他不得不到山野去采药或在屋前种些草药，拿到集市上去卖钱。

尽管杜甫官场失意，生活困苦，但他无时无刻不忧国忧民。时值安史之乱，腐朽的统治和连年的战争让百姓的生活困苦不堪，使杜甫深刻地认识到社会的黑暗与不公，思想感情发生了巨大变化。

一天，杜甫到郊外去采药，远远听见一片震天的哭声，走到近前一看，只见一队队新兵腰挂着弓箭战刀，即将出征，前来送行的父母妻子，正在牵衣顿足拦路哭泣。哭声和车轮滚动声、马嘶声响成一片，那情景十分凄惨。

"你们上哪里去啊？"杜甫问一个头发花白的老兵。

"上边疆打仗啊！"老兵回答。

"您这么大年纪了，怎么还叫您去呢？"

"唉，"老兵叹了口气说，"征兵征到我，没法子啊！听人说，有的十四五岁就被抓去当兵，到了40多岁还不能回来。我这一去，只怕连这把老骨头都要葬在边疆了。家里还有几亩薄田，丢给老伴，哪能种好？租税却一点儿也不给减少，唉，没法活啊！"说着，老兵流下泪来。

听了老兵的话，杜甫心中充满了悲愤。当晚，他写下了著名的乐府诗《兵车行》。在这首诗中，杜甫用生动的语言反映了百姓们的呼声，诉说了战乱给人民带来的痛苦。此后，杜甫写下了大量批评时政、揭露黑暗、讽刺权贵、关心人民疾苦的不朽诗篇，对后世影响深远。

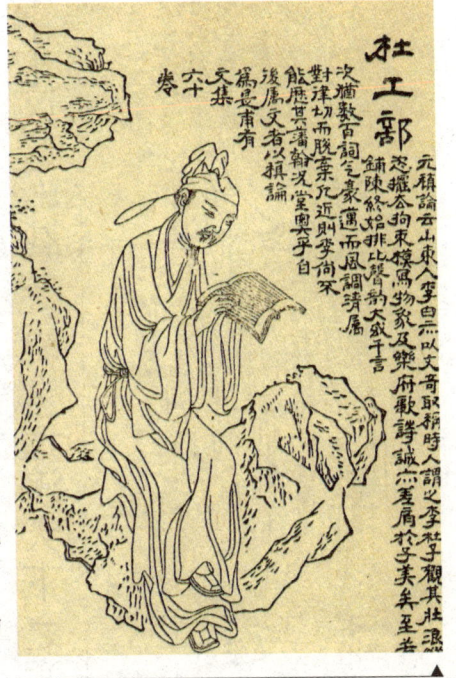

▲ 杜甫画像，出自1921年出版的由清代画家上官周创作的《晚笑堂竹庄画传》

韩愈——文起八代之衰,道济天下之溺

箴言

书山有路勤为径,学海无涯苦作舟。

○ 韩愈(768—824),字退之,世称韩昌黎,河南河阳(今河南孟州)人。唐代文学家、思想家、政治家,古文运动的倡导者,"唐宋八大家"之首,与柳宗元并称"韩柳",有"文章巨公"和"百代文宗"之名。著有《韩昌黎集》四十卷、《外集》十卷、《师说》等。

■ 名字由来

韩愈自幼父母双亡,由兄嫂抚养长大。而他的名和字的由来,还有一段佳话。韩愈到了入学的年龄,嫂嫂郑氏一心想给他起个文雅的学名,便常翻书挑选,但始终没有合意的。韩愈在一旁见嫂嫂为他起名犯难,便问道:"嫂嫂,你要给我起个什么名呢?"郑氏道:"你大哥名会,二弟名介,会、介都是人字作头,象征他们都要做群龙之首;会乃聚集,介乃耿直,含义都很不错。三弟的学名,也须找个人字作头,含义更要讲究的才好。"韩愈听后,立即说道:"嫂嫂,你不必翻书了,这人字作头的,'愈'字最佳了,我就叫'韩愈'好了。"郑氏一听,忙道:"愈字有何佳意?"韩愈道:"愈,超越也。我长大以后,一定要做一番大事,前超古人,后无来者,决不当平庸之辈。"嫂嫂听后,拍手叫绝:"好!好!你真会起名,好一个'愈'字!"

▲ 韩愈画像,出自1921年出版的由清代画家上官周创作的《晚笑堂竹庄画传》

■ 仕途坎坷

韩愈师从唐代散文家独孤及、梁肃，究心古训，关心政治，自称"前古之兴亡，未尝不经于心也，当世之得失，未尝不留于意也"（《与凤翔邢尚书书》）。他20岁时赴长安应进士试，三试不第。25岁之后，他再次应试，虽考中但三试博学鸿词都不入选，便先后赴汴州董晋、徐州张建封两位节度使处任职，后来又到京师，官至四门博士。

韩愈36岁时任监察御史，因上书陈述天遭旱灾，人民生活疾苦，请求减免徭役赋税，而被指斥责朝政，遂贬为阳山令。顺宗时他因反对王叔文的政治改革而再次被贬。宪宗时他获赦北还，为国子博士。因先后与宦官、权要相对抗，仕宦一直不得志。元和十四年（公元819年），任刑部侍郎的韩愈因大力反对宪宗迎佛骨入大内被贬为潮州刺史，又调任袁州刺史，后历官国子祭酒、兵部侍郎、吏部侍郎、京兆尹等显职。

韩愈主张天下统一，反对藩镇割据。为地方官期间政绩卓越，至今江西宜春（唐代袁州）还有状元楼、昌黎路，以纪念韩愈的特别功绩。

■ 提倡文道合一，师古创新

韩愈认为，在文学创作上，道（即仁义）是目的和内容，文是手段和形式，强调文以载道，文道合一，以道为主。他与柳宗元倡导古文运动，提倡学习古代圣贤之为文，但必须"师其意，不师其辞"，主张学古要在继承的基础上创新，坚持"词必己出""陈言务去"。他还提出养气论，"气盛则言之短长与声之高下者皆宜"（《答李翊书》）。他提出"不平则鸣"的论点，认为作者对现实的不平情绪是深化作品思想的根源。在作品风格方面，他强调"奇"，以奇诡为善。

韩愈的散文成就颇高，以论说与记叙两类为主，其论说文气势雄浑，结构严谨，逻辑性强；记叙文则爱憎分明，抒情性强。其文雄奇奔放，风格鲜明，语言上亦独具特色，尤善锤炼词句，推陈出新，许多精辟词语已成为成语流传至今，如"落井下石""动辄得咎""杂乱无章"等。他与杜甫并称"杜诗韩文"，苏轼称他为"文起八代之衰，道济天下之溺"。

在我国的台湾省屏东县内有一座昌黎祠，那里是全台湾唯一祭祀韩愈的庙宇，每到考试季节，都会有很多考生拿着自己的准考证件去到那里，祈求考试顺利。

学生励志名人馆

白居易——新乐府运动的领袖

白居易画像，出自1921年出版的由清代画家上官周创作的《晚笑堂竹庄画传》

箴言

试玉要烧三日满，辨才须待七年期。

白居易（772—846），字乐天，晚号香山居士，唐代著名诗人。原籍太原，后迁居下邽（今陕西渭南北）。积极倡导新乐府运动，主张"文章合为时而著，歌诗合为事而作"，写下了不少反映人民疾苦的诗篇，语言通俗易懂，"老妪能解"。代表诗作有《琵琶行》《长恨歌》《卖炭翁》《观刈麦》等。

■ 怒打行贿人

白居易在陕西周至县当县令时，刚一上任，城西的赵乡绅和李财主就为争夺一块地到县衙打官司。为了能打赢官司，他们争相贿赂白居易。赵乡绅差人买了条大鲤鱼，在鱼肚中塞满银子送到县衙。而李财主则命长工从田里挑了个大西瓜，掏出瓜瓤，往里面塞满银子送来。收到两份"重礼"后，白居易吩咐手下贴出告示，明天公开审案。

第二天，县衙外挤满了看热闹的百姓。白居易升堂后问道："哪个先讲？"赵乡绅抢着说："大人，我的理（鲤）长，我先讲。"李财主也不示弱："我的理（瓜）大，该我先讲。"白居易沉下脸说："什么理长理大？成何体统！"赵乡绅以为县太爷忘了自己送的礼，连忙说："大人息怒，小人是个愚（鱼）民啊！"

白居易微微一笑说："本官耳聪目明，用不着你们旁敲侧击，更不喜欢有人暗通关节。来人，把贿赂之物取来示众。"衙役取来鲤鱼和西瓜，当众抖出银子，听审者一片哗然。白居易厉声喝道："大胆刁民，胆敢公然贿赂本官，按大唐律法各打40大板！"

赵乡绅和李财主吓得瘫倒在地，被衙役拖到一边狠狠地打了40大板，众百姓无不拍手称快。杖刑完毕，白居易斥道："周至县就是被你们这些不法之徒搅得乌烟瘴气，今日责打，就是要你们今后奉公守法，老实做人。至于这些行贿的银子，我看就用来救济贫苦百姓吧！"

■ 倡导新乐府运动

新乐府运动,是由白居易和元稹、张籍等人倡导的诗歌革新运动。他们主张恢复古代的采诗制度,发扬《诗经》和汉魏乐府讽喻时事的传统,使诗歌能够起到"补察时政""泄导人情"的重要作用,强调以创新的乐府题目咏写时事。

新乐府有三个特点:一是用新题。从东汉建安时代起,文人乐府也有少数写时事的,但多借用古题,反映现实的范围颇受限制,题目和内容也不协调。新乐府则自创新题,故又名"新题乐府"。二是写时事。建安后也有一些自创新题的,但内容又往往不关时事。杜甫始创的既用新题又写时事的新乐府,其实也并不是所有新题都写时事。新乐府则专门"刺美见(现)事",白居易的《新乐府》50首便全都列入"讽喻诗"之行。三是新乐府并不以是否入乐为衡量标准。因此尽管实际上它们全是"未尝被于声"的徒诗,但仍自名乐府,并加上一个"新"字以示区别。这从音乐上来说,是徒有乐府之名;但从文学上来说,却又是真正的乐府,真正体现了汉乐府精神。

新乐府运动强调了诗歌的社会功能和讽喻作用,主张诗歌要有社会内容,要反映民生疾苦和社会现实弊端,要求诗歌的形式与内容统一,并为内容服务,表达直截顺畅,让人容易接受。新乐府运动改变了唐代宗大历以来逐渐抬头的逃避现实的诗风,发扬了《诗经》、汉魏乐府和杜甫以来的优良诗歌传统,具有进步意义。虽然新乐府运动时间不长,但却在中国诗歌史上留下了光辉的一页,并对后世诗歌的发展产生了深远的影响。

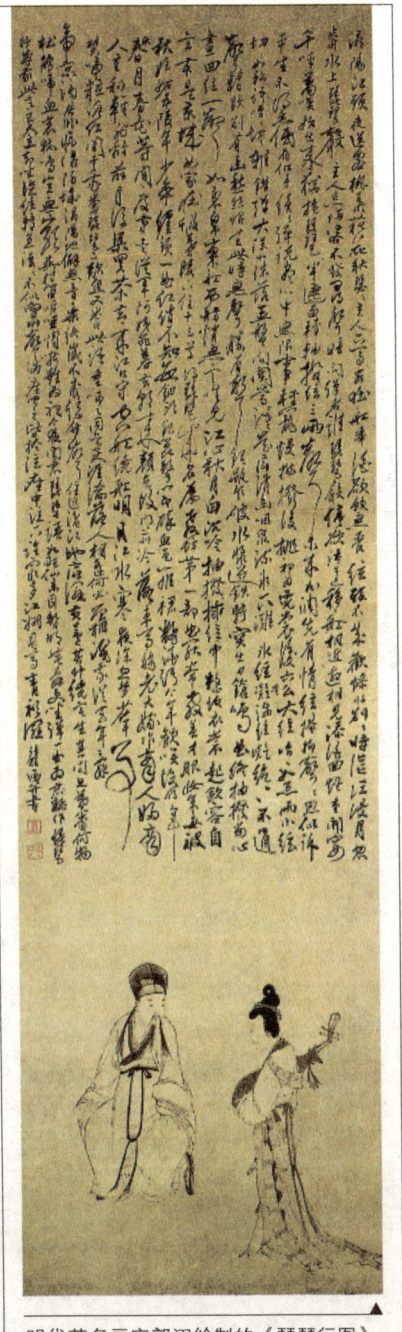

▲ 明代著名画家郭诩绘制的《琵琶行图》,现藏于北京故宫博物院

欧阳修——醉翁一人

欧阳修画像，出自1921年出版的由清代画家上官周创作的《晚笑堂竹庄画传》

箴言

立身以立学为先，立学以读书为本。

○ 欧阳修（1007—1072），字永叔，号醉翁，又号六一居士，"六一"为：藏书一万卷，金石拓片一千件，酒一壶，棋一局，琴一张，醉翁一人。谥号文忠，世称欧阳文忠公，北宋卓越的文学家、史学家，"唐宋八大家"之一，与韩愈、柳宗元和苏轼合称"千古文章四大家"。

■ 虚心求教，修改名篇

传闻欧阳修被贬滁州时，特别喜爱琅琊山的灵秀。公务之余时常闲游山水，和黎民百姓同乐同游，并与附近琅琊寺的智仙和尚结为好友。一天他同智仙和尚在山间对弈，观战的人围了一圈，突然间下起大雨，人们都被淋得湿透，纷纷建议在此建个亭阁。于是智仙和尚很快筹资建成，欧阳修前去祝贺，为之取名"醉翁亭"，并写下了千古传诵的散文名篇《醉翁亭记》。

欧阳修对文章精益求精，他将这篇《醉翁亭记》抄贴在滁州城六大门楼，恳请城民帮助修改。有位樵夫说开头这山那山有点啰嗦，虽然写了不少山名，但仍有许多山头被丢。欧阳修登高远眺，琢磨片刻，便大笔一挥，将开头"环滁四面皆山，东有乌龙山，西有大丰山，南有花山，北有白米山，其西南诸山，林壑尤美"一段文字改为"环滁皆山也。其西南诸峰，林壑尤美"几个字。如此一改，则言简意赅，山山都有，文字更加精练。

■ 承继前人,开发滁州

如今说到滁州,人们自然会想到风景秀丽的琅琊山、山中雅致的醉翁亭和文学大家欧阳修。醉翁亭,被誉为全国"四大名亭"之首,名扬海内外。与醉翁亭隔山相望的丰乐亭,也是令许多探幽访古之士向往的胜迹,与醉翁亭一起被称为"姊妹亭"。丰乐亭下的"紫薇泉",则与醉翁亭的酿泉合称为"姊妹泉"。这些都是欧阳修任滁州太守时开发、建设而留下来的。正是这些建筑,加上他亲自撰写的《丰乐亭记》《醉翁亭记》,才使滁州琅琊山的名声大震。

追溯琅琊山之名,应自东晋开始。东晋以前,琅琊山并不出名,主峰被当地人称为摩陀岭,海拔仅317米。西晋末年,琅琊王司马睿曾避难于此,后来他成了东晋元帝,借其曾在此山一住之光,才有了琅琊山这个名称。唐代大历六年(公元771年),滁州刺史李幼卿在琅琊山上兴建宝应寺(即今日之琅琊寺),琅琊山才打破历史的沉寂,开始向着繁荣与发展迈进。

宝应寺的兴建,改变了琅琊山多年寂静的状况。而琅琊山真正声名鹊起,是在200多年以后,欧阳修知(主管)滁州开始的。欧阳修在滁州上任的时间并不长,只有两年零4个月,但他为滁州留下了许多建设和诗文,成为滁州不可多得的宝贵遗产。

■ 千古伯乐,倡导诗文革新

欧阳修在中国文学史上有重要的地位。他大力倡导诗文革新运动,改革唐末到宋初的形式主义文风和诗风,一扫唐五代文坛浮艳艰涩的流风,建立了清新、秀美、刚健、婉转的文学风格。他在文学观点上师承韩愈,又矫正了韩愈的某些偏颇。他主张明道致用,提倡内容要真实,语言要有文采,做到内容和形式的统一。

欧阳修赏识并提拔有真才实学的后辈,"唐宋八大家"中,司马光、王安石、曾巩、苏洵、苏轼、苏辙五人都得到过他的提携,并在散文创作上受到他很大影响。其中,苏轼最出色地继承和发扬了他所开创的一代文风。欧阳修的慧眼识珠使一大批默默无闻的青年才俊名扬天下,堪称千古伯乐。

欧阳修1064年创作的《集古录跋》(局部),现藏台湾故宫博物院

司马光——儒学典范

箴言

鉴前世之兴衰，考当今之得失。

司马光画像，现藏于台北国立故宫博物院

○ 司马光（1019—1086），字君实，谥号文正，陕州夏县（今属山西）涑水乡人，北宋著名政治家、史学家、文学家。历仕仁宗、英宗、神宗、哲宗四朝，为人温良谦恭、刚正不阿，其人格堪称儒学教化下的典范。1066—1084年主持编撰中国第一部编年体通史《资治通鉴》。

■ 低调淡泊轻名利

司马光为人谦虚低调，性情淡泊，不喜奢华，他做宰相之后，除了公务繁忙了许多之外，其他仍与先前一样，从不耀武扬威，大肆张扬。司马光有一个老仆人，跟了他几十年，一直称呼他为"君实秀才"。有一天，苏轼来到司马光府邸，听到仆人对司马光的称呼，不禁感到好笑，戏谑道："你家主人不是秀才，已经是宰相了，大家都称他为'君实相公'！"老仆人大吃一惊，简直不敢相信。以后他见了司马光，都毕恭毕敬地尊称"君实相公"，并高兴地说："幸得苏大学士教导我，否则我还不知主人已经是宰相了。"司马光跌足长叹："我家这个老仆，活活被子瞻教坏了。"

■ 老成持重反对变法，急流勇退专注编书

宋神宗熙宁二年（公元1069年），王安石被任命为宰相，开始实行变法。司马光认为新法存在许多弊端，几度上书反对新法。两人在政治见解上各有不同，在具体措施上各有偏向。王安石想通过大刀阔斧的经济、军事改革措施来解决当时经济、军事危机，改变积贫积弱的社会现实。司马光则认为在守成时期，应偏重于通过伦理纲常的整顿，来把人们的思想束缚在原有制度之内，即使改革，也定要稳妥。他上书道："大坏而更改，非得良匠美材不成，今二者皆无，臣恐风雨之不庇也。"司马光的主张虽然偏于保守，但实际上是一种在"守常"基础上的改革方略。王安石变法

中出现的问题，如新法不能有效落实、用人不当、加重百姓负担、有人以变法谋求私利等情况，也从侧面证明司马光在政治上的老练稳健。

司马光与王安石政见不和，在政治观点上各抒己见，但他们都是以国家社稷为重，从不涉及个人恩怨。这种纯粹的君子之争也让王安石在痛恨司马光反对变法之余由衷地说："司马君实，君子人也！"一个令政敌都叹为君子的人，绝对不是一个小人。司马光虽强烈反对王安石变法，但对王安石的评价是："介甫无它，唯执拗耳。"

司马光在与王安石的变法斗争中不能得胜，面对身为副宰相的王安石如日中天，司马光毫不犹豫地选择了回避和退让，而不是伺机报复和恶意中伤。反对派中有人劝司马光弹劾王安石，司马光正气凛然地说："王安石变法没有任何私利，我为什么要这样做！"

之后，司马光远离政治中心，到洛阳一住就是15年，不问政事，将全部精力投入到编撰《资治通鉴》中，呕心沥血，终成大典。

司马光编撰的《资治通鉴》是中国最大的一部编年体史书，全书共294卷，通贯古今，以时间为纲，事件为目，上起周威烈王二十三年（公元前403年），下迄五代的后周世宗显德六年（公元959年），涵盖了16朝1362年的历史，内容以政治、军事和民族关系为主，兼及经济、文化和历史人物评价，目的是通过前朝事关国家盛衰、民族兴亡的统治阶级政策来警示后人，即"鉴前世之兴衰，考当今之得失"。这部著作在中国官修史书中占有重要的地位，对后世影响巨大。

司马光画像，出自1921年出版的由清代画家上官周创作的《晚笑堂竹庄画传》

苏轼——率性旷达的北宋文豪

元代画家赵孟頫绘制的《苏轼像》

箴言

天下有大勇者，猝然临之而不惊，无故加之而不怒。

苏轼（1037—1101），字子瞻，又字和仲，号东坡居士，眉州眉山（今四川眉州）人，宋代著名的文学家、书画家。他与父亲苏洵、弟弟苏辙皆为文学名家，世称"三苏"，唐宋八大家之一。书法亦有造诣，与黄庭坚、米芾、蔡襄并称"宋四家"。

■ 勤勉好学，胸怀大志

苏轼出生在一个书香门第，父亲苏洵是著名的散文家，母亲程氏秀外慧中、知书达理。少年苏轼在父母的熏陶下，勤奋好学，博通经史。他成长在各种社会矛盾渐趋尖锐的宋代，这个时代一方面号称"百年无事"，经济、文化都有相当的发展；另一方面既有辽、夏入侵的外患，又有豪强兼并、人民困苦不堪的内忧。社会危机四伏，积贫积弱的形势日益严重，改革的呼声在士大夫阶层中渐次高涨。

苏轼与弟弟苏辙在这样的家庭与社会环境下，受儒家经世济民思想的影响，立下用世之志，以身许国，并主张针对现实中的种种弊端进行改革。他21岁入京参加进士考试，以一篇《刑赏忠厚之至论》得主考官欧阳修的赏识，与弟苏辙同科及第，开始走上仕途。

■ "乌台诗案"，壮志难酬

苏轼出京做地方官，勤政爱民，恪尽职守。八九年的时间，他辗转迁徙，但每到一地都积极兴修水利，赈济灾民，减免租税，体察民间疾苦。

当时正是王安石推行新法之时，苏轼反对新法，在自己的诗文中表露了对新政的不满。宋神宗元丰二年（公元1079年），苏轼到任湖州还不到3个月，便因作诗讽刺新法以"文字毁谤君相"的罪名入狱。这就是有名的"乌台诗案"。苏轼在狱中103天，倍受诟骂，几置死地，幸得多方营救，才重获自由。

苏轼出狱后，被贬为黄州团练副使，但不得签押公事，不得擅离此地，类似于流放。但他仍关心国家政局，并因壮志难酬而抑郁苦闷。

■ 北宋文学的集大成者

苏轼在诗、词、散文创作三个方面都表现出超凡的才能和卓越的成就。他的作品豪迈奔放，思想内容丰富多彩，艺术风格独具特色，代表了北宋文学的最高成就，是文学史上一座难以企及的高峰。

苏轼的散文将写景、议论、抒情有机地结合，自然而不露痕迹，变化多端，充满活力，可与韩愈、柳宗元、欧阳修三家媲美。苏轼在理论上强调文章要有"意"，还提出了"辞达"和"自然为文"的说法。

苏轼的诗作内容丰富，形式多样，在写景、咏物、记事之中，常常托物寓理，阐发生活哲理，表达对人生的思索。

苏轼的词风格多样，意境深远，雄浑壮阔，气势磅礴。

苏轼在书法和绘画方面也有不凡的造诣。苏轼擅长行书、楷书，并自成一家，与黄庭坚、米芾、蔡襄并称"宋四家"。苏轼在绘画方面师从文同，喜画墨竹、枯木、怪石，开辟清新隽永的文人画风，提出很多精妙深远的绘画理论。

苏轼博学多识，文采卓著，在诗词书画方面都取得了辉煌成就，堪称北宋文学的集大成者。

扩展阅读

▶ 苏轼的词大致可分为三种风格：

一、豪放风格，这是苏轼追求的理想风格，他以慷慨激昂甚至略带凄惨悲凉的感情融入词中，写人状物以慷慨豪迈和阔大雄壮取胜。

二、旷达风格，这是最能代表苏轼思想和性格特点的词风，表达了诗人希望隐居、避开乱世、期待和平的愿望。

三、婉约风格，苏轼的婉约词摆脱了传统婉约词的香艳软媚，以感情纯正深婉、格调健康高远见长，是对传统婉约词的一种继承和发展。

苏轼中年时期代表作《黄州寒食诗帖》（局部），此诗帖系元丰五年（1082年）苏轼因为乌台诗案遭贬黄州时所写，诗句沉郁苍凉又不失旷达，书法用笔、墨色也随着诗句语境的变化而变化，跌宕起伏，气势不凡而又一气呵成

李清照——千古第一才女

箴言

生当做人杰，死亦为鬼雄。至今思项羽，不肯过江东。

李清照（1084—约1155），号易安居士，齐州章丘（今山东）人。南宋著名女词人，宋词婉约派的代表人物，也是中国文学史上最负盛名的一位才女。

▲李清照像，由清代画家崔错绘制

■ 书香世家育才女

李清照出生在书香世家，父亲李格非是当时著名的学者，母亲知书能文。李清照出生后，母亲把全部心思都放在了对李清照的教育上。母亲常常给她讲一些古书，她听得津津有味，还常常刨根问底。

李清照的父亲与当时一流的文学家黄庭坚、秦观等人往来甚密，当她听到父亲与这些文学家谈古论今，吟诗作文时，神往不已。

李清照"自少年便有诗名，才力华赡，逼近前辈"。她出色诗词经常被父亲拿给朋友们看，博得了众人的一致称赞。以后这些文人雅士再谈论诗词的时候，便把李清照叫来一起参与。在文学大家的熏陶和鼓励下，李清照对文学创作的兴趣更加浓厚，写出了很多为后世广为传诵的词章。

李清照工诗善文，更擅长词，她的词作风格婉约，语言清丽，富于真实的性情与生活的表现。她的作品因北宋和南宋时期命运的变化而呈现不同的特点，前期真实地反映了她的闺中生活和思想感情；后期则主要抒发伤时念旧和怀乡悼亡的情感。

■ 夫妻共撰《金石录》

封建时代的婚姻不能自主，像李清照这样一位才情俱佳的女子也要通过父母之命、媒妁之言来确定婚姻大事，所以要想找到一位情投意合的如意郎君实非易事。但上天竟然为李清照安排了一段美满的姻缘。李清照的如意郎君就是大学士赵挺之的儿子赵明诚。李清照与赵明诚是封建婚姻制度下幸福的一对，他们琴瑟和谐，情趣相投。

李清照和丈夫赵明诚志同道合，除了都能诗善文外，还有一个共同的爱好，那就是收藏金石（古代铜器和石碑上镌刻的文字书画）。这些文物既是我国古代的精湛艺术，又是丰富史料的厚重载体。赵明诚幼时拜读过欧阳修的《集古录》，感触颇深。后来，他感到《集古录》尚不完备，编撰体例也不尽合理，就决意穷其一生去搜集金石拓本、书籍、古器，写一部完备的《金石录》。

那时候赵明诚还在京城太学里读书，"赵、李族寒，素贫俭"，但这并不影响他们对金石的追求。每逢初一、十五，赵明诚便请假回家，先到当铺典当几件衣物换半吊钱，然后到大相国寺去悉心选购自己喜爱的金石碑文。

大相国寺是东京最大的佛寺，每逢初一、十五都要举行庙会，庙会上会摆卖书籍、古玩和碑帖字画。赵明诚看到中意的碑文字画就买下来，回到家里，李清照便和他一起细细整理、欣赏，"相对展玩咀嚼"。

过了两年，赵明诚进入仕途，所得的官俸几乎全花在购买金石上，李清照也把陪嫁的金银首饰全部典当来支持丈夫。两人立下了"穷遐方绝域，尽天下古文奇字之志"。赵明诚的父亲有些亲戚朋友在朝廷的藏书阁任职，那里珍藏着许多古书刻本，赵明诚通过这些亲友，千方百计把它们借出来摹写。这样日积月累，他们收藏的金石书画越来越多。

经过近20年的努力，李清照协助丈夫赵明诚辑集整理，终于完成了这部记载古代历史文物的著作——《金石录》。《金石录》发扬了以金石证史的治学传统，在金石研究上具有继往开来的意义，对史学、考据学、文献整理和金石书法的研究，具有重要的参考价值。

李清照代表词作《醉花阴》词意图

辛弃疾——赢得生前身后名

箴言

味甘终易坏，岁晚还知，君子之交淡如水。

爱国词人辛弃疾

辛弃疾（1140—1207），字幼安，号稼轩，历城（今山东济南）人。南宋著名军事家、政治家、爱国词人。他的词作多抒发力图恢复国家统一的爱国热情，倾诉壮志难酬的悲愤和对当时执政者屈辱求和的强烈谴责。艺术风格多样，以豪放著称，慷慨悲壮、笔力雄厚，与苏轼并称为"苏辛"，与李清照并称为"济南二安"。

◆ 中药填词寄相思

辛弃疾新婚不久就辞别妻子，带领义军奔赴抗金战场。行军打仗，条件艰苦，战场厮杀，九死一生，但他对妻子的思念与牵挂之情却与日俱增，从未淡漠。

辛弃疾才思敏捷，诗词俱佳；他的妻子也多才多艺，擅长词章。夫妇俩天涯海角，鸿雁往来，托药寄情的轶事一度传为美谈。

一晚夜深人静，辛弃疾独对冷月星斗，想到山河支离破碎，百姓流离失所，亲人不能团聚，心中不免怅然若失，更加思念妻子。于是挑灯夜书，以中药名串成《定风波》一词，遥寄娇妻，以抒情怀。词曰：

云母屏开，珍珠帘闭，防风吹散沉香，离情抑郁。金缕织硫黄。柏影桂枝交映，茯苓起，弄水银塘。连翘首，惊过半夏，凉透薄荷裳。一钩藤上月，寻常山夜，梦宿沙场。早已轻粉黛，独活空房。欲续断弦未得，乌头白，最苦参商。当归也！茱萸熟，地老菊花黄。

不久，他接到妻子的回信，拆开一看，竟也是用中药名填成的一首词。词曰：

槟榔一去，已历半夏，岂不当归也？谁使君子，寄奴生绕它枝，令故园芍药花无主矣。妾仰视天南星，下视忍冬藤，盼来了白芷书，茹不尽黄连苦。豆蔻不消心头恨，丁香苦结雨中愁。人生三七过，看风吹西河柳，盼将军益母。

柔情离绪，托药遥寄。辛弃疾夫妇也算是词林伉俪中"前无古人"的佼佼者了。

■ 勇闯敌营擒叛贼

公元1161年，金兵南下，山东农民耿京组织了一支农民起义军抗击金兵。21岁的辛弃疾非常敬佩他，就率领2000多人加入了耿京的队伍，共同抗击金军。

公元1162年，耿京派辛弃疾南下与南宋朝廷联络，商议共同抗金。谁知道起义军中一个叫张安国的叛徒，乘辛弃疾未归，暗杀了耿京。起义军没有了领袖，很快便溃散了。

辛弃疾从南方回来，张安国已经逃到金国的兵营里去了。辛弃疾愤怒地对部下说："我们一定要活捉张安国，为耿京报仇！"有人说："张安国躲在敌人的兵营里，那儿驻扎了5万金兵。咱们只有几十人，怎么去捉他呢？"辛弃疾道："5万！就是50万，我们也要闯进金营，杀了这个叛徒，为耿京报仇，为百姓报仇！"

当天晚上，辛弃疾便率领50名勇士直奔金营而去。他们赶到金军兵营，在夜幕的掩护下悄悄地摸了进去。

当他们找到张安国的营帐时，张安国正在跟两个金将喝酒猜拳，他们看见辛弃疾和勇士们手提刀剑冲进来，吓得魂飞魄散。大伙儿一拥而上，把张安国绑得结结实实，拉出了营帐。营帐外面已经围了很多金兵，看到辛弃疾他们威风凛凛，竟然谁也不敢上前。

辛弃疾把叛徒绑在马后，不慌不忙地跨上了马，喝道："谁敢上来，就要他的狗命！告诉你们，我们的10万大军就要开到，想活命的趁早投降！"说完就带着勇士们冲了出去。等金国将领得到消息派兵来追时，他们早已跑得无影无踪。

叛徒张安国得到了他应得的下场，被砍掉脑袋以祭奠抗金民族英雄耿京。辛弃疾也因此而名震军中。他勇闯敌营活捉叛徒的过人胆识和英雄气概，极大地鼓舞了誓死抗金的南宋军民的斗志。

扩展阅读

▶辛弃疾非常喜欢喝酒。有一次，他痛饮一场后醉倒在松树旁，还问松树：我醉得怎么样？醉眼朦胧中，他误以为松树要来扶他，便用手推着松树让它走开。酒醒以后，他就挥笔将这件逗人发笑的事写成了诗：昨夜松边醉倒，问松'我醉何如？'只疑松动要来扶，一手推送曰'去！'后来辛弃疾决定戒酒，便特意写了一首《沁园春》，在词中讲喝酒如何有害。可是有一天，他与友人上山游玩，见朋友拿了酒来，又急不可待地喝起来，直至酩酊大醉。事后，他又写了一首《沁园春》，这一回却是说饮酒如何之好。

施耐庵——嫉恶如仇的侠义文学家

箴言

平日若无真义气，临时休说生死交。

施耐庵（生卒年不详，约为 1296—1370），名彦端，又名子安，耐庵为其号，江苏苏州人。元末明初著名小说家，中国古典四大名著之一《水浒传》的作者。

▲ 19世纪日本画家笔下的智多星吴用

■ 勤奋好学，行侠仗义

施耐庵祖籍苏州，后移居兴化。兴化地处里下河下游，沟河纵横，其父施元德以操舟为业。施耐庵从小聪颖过人，喜好读书。13岁时，父亲把他送到海陵东隅白驹场读书。白驹场地处牛湾河、运盐河交汇处，这里盐业发达、物产丰盈、市井繁荣、人文荟萃，俨然有海滨城镇的韵味。在这样的环境中，施耐庵勤奋好学，成为才华横溢、博古通今的才子，"举凡群经诸子，词章诗歌，天文地理，医卜星相，一切技术无不精"。

施耐庵不但才气过人，而且武艺高强，嫉恶如仇，常常行侠仗义。有一年的元宵节，施耐庵在街上观花灯，看见一恶少在街尾欺辱妇女。他上前单手将那恶少提起，然后狠狠将他摔在地上。吓得恶少连连磕头求饶。第二天，那恶少带人前来报复。他们用绳子拴住施耐庵的双腿用力拉，施耐庵却纹丝不动。他取出铁棒，一记"乌龙摆尾"便将身旁的一棵大杨树打断。无赖们这才知道是遇上了高手，个个叩头认输。后来，施耐庵在写《水浒传》时，还将这段亲身经历融进了鲁智深在大相国寺降伏众泼皮的情节中。

■ 为官清廉，秉性不移

施耐庵在山东郓城任训导期间勤于政务，关心百姓疾苦，他一方面倡导教育，一方面推广植桑养蚕。他为官正直清廉，为政勤恳爱民，引起了上司和地方实力派的嫉妒和不满，常受到刁难和排斥。当时，阳谷县的乡绅吴林想要在衙门安插他的亲戚，却被施耐庵严辞拒

绝，便怀恨在心，以莫须有的罪名诬告施耐庵。施耐庵深感官场腐败黑暗，正直忠义之士举步维艰，政治抱负更是难以施展，于是愤然辞官。

在郓城期间，施耐庵为排遣心中烦闷，游览了不少鲁中名胜。他水堡村访问宋江后人，景阳岗凭吊武松庙，石碣村拜谒三贤祠，黄堆集（黄泥岗）考察劫"纲"遗址，狮子楼听评书表演；听樵夫晨歌和渔夫晚唱，过金沙滩，经断金亭，穿黑风口；还从当地人口中得知了许多梁山好汉的故事。郓城的经历为他后来创作《水浒传》积累了丰富的素材。

《水浒传》插图，表现洪太尉释放妖魔的情节，大约绘制于15世纪

施耐庵36岁时求仕之心未泯，再次来到大都，获得赐进士的功名，被委派到钱塘（杭州）担任县尹。

施耐庵秉性不移，钱塘为官期间，倡导农桑，轻赋薄税，秉公执法，抑制豪强，终因达鲁花赤的骄横专断和官场的腐朽黑暗，又一次愤然弃官。

施耐庵弃官后，在苏州施家桥办学授徒。后回到兴化白驹场故居，三弟彦才在白驹西侧花家垛帮他建了三间茅屋，施耐庵亲题一副"吴兴绵世泽，楚水封明烟"的门联，表明了他隐居水乡的决心。他深感朝政腐败，民不聊生，立志著书济民劝世，于是，以宋江领导的起义为题材，塑造了108位个性鲜明的梁山好汉形象，著成了流传后世的经典巨作《水浒传》。

扩展阅读

元朝官制中路府州郡均以蒙古人为最高长官，称达鲁花赤，俗谓监州，虽然官阶与原地方长官相同，但权力在地方长官之上。

汤显祖——东方莎士比亚

箴言

文情不厌新，交情不厌陈。能存先昔友，留示后来人。

○ 汤显祖（1550—1616），字义仍，号海若、若士、清远道人，江西临川人，中国明代戏曲家、文学家。在戏曲创作方面颇有成就，与关汉卿、王实甫齐名，反对拟古和拘泥于格律，在中国乃至世界文学史上都占有重要地位，被誉为"东方莎士比亚"。

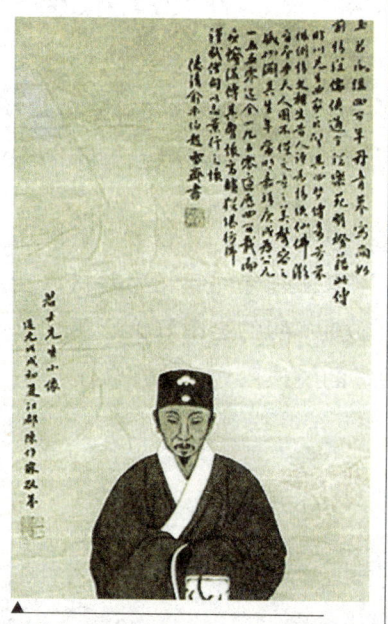

▲ 被誉为"东方莎士比亚"的汤显祖

■ 铮铮铁骨，不畏权贵敢直言

汤显祖生于江西的一个书香门第，天资聪慧，从小受家庭熏陶，勤奋好学。12岁能诗，13岁从徐良傅学古文词，14岁补了县诸生，21岁便中了举人。他年纪轻轻就才华横溢，声名远扬，连京师的高官大员也对他有所耳闻。

明神宗万历五年（公元1577年），27岁的汤显祖到京城参加科考，当朝首辅张居正有意笼络他，但他不为权势所屈，不为名利所惑，拒绝了张居正，结果名落孙山。张居正死后，权臣张四维、申时行相继当了宰相，他们以翰林的职位许诺汤显祖，想拉拢他加入自己的幕僚为自己效力。汤显祖铮铮铁骨，不向他们妥协，断然严词拒绝。万历十一年（公元1583年），汤显祖考中进士，但由于他得罪了当朝权贵，只在京城当了个芝麻官。第二年又被打发到南京，任太常寺博士，后迁任南京礼部主事，这两个官职都形同虚设、毫无实权。

万历十九年（公元1591年），太湖受灾，朝廷下拨数十万两赈灾银两，派特使杨文举赈灾。杨文举不顾几十万灾民生死，侵吞灾银，中饱私囊。朝廷对此不闻不问，反而对他加官进爵。汤显祖义愤填膺，上了一道《论辅臣科臣疏》弹劾申时行与杨文举等众贪官。皇帝斥责汤显祖假借国事攻击元辅，将他贬谪到广东徐闻县做了个编外典史。汤显祖后终因得罪权贵太多而被免官。

扛鼎之作，人鬼幽会《牡丹亭》

汤显祖在戏剧创作上成就最高，被誉为"东方的莎士比亚"。主要戏剧作品有《紫箫记》《还魂记》《邯郸记》《南柯记》《紫钗记》等，其中《还魂记》为中国戏曲史上的扛鼎之作。

《还魂记》又名《牡丹亭》，于万历二十六年（公元1598年）创作完成，描写了杜丽娘和柳梦梅艰难曲折的爱情故事。南安太守杜宝之女杜丽娘，年方十六，才貌双全。一日，与丫头春香偷偷到花园游玩，回来后梦见一书生持半枝垂柳前来求爱，两人在牡丹亭幽会。杜丽娘思念梦中书生，茶饭不思，一病不起，竟"伤春而死"。三年后，同样梦到与杜丽娘牡丹亭幽会的柳梦梅赴京应试，借宿梅花庵观，在太湖石下拾得杜丽娘画像，发现正是自己魂牵梦绕的佳人。杜丽娘化为鬼魂与柳梦梅再度幽会，并嘱咐柳梦梅三日内掘坟开棺自己便可还阳。三日后丽娘果然起死回生。两人历经重重磨难，高中状元的柳梦梅与丽娘终成眷属。

汤显祖的《牡丹亭》对人物心理刻画细腻生动、情感真挚，塑造了柳梦梅、杜丽娘、春香等血肉丰满、性格鲜明的人物形象，深刻揭露了中国封建礼教的虚伪与罪恶，热情赞颂了青年男女追求个性解放、追求婚姻自由的反抗精神。剧中词曲优美，别具一格，突破了南北旧曲的格律，对后来的戏曲发展产生了巨大的影响。

起初，《牡丹亭》遭到了许多人的非议。因为它不合韵，很多字唱不出来。汤显祖的好友吕玉绳想对此作些改动，以便于演唱。汤显祖对此多次表示异议，并在《答吕姜山》中说："我们写作应该以意趣神色为主，这四个方面做到了，才去考虑丽词俊音，九宫四声哪里能面面俱到呢？如果刻意去揣摩声韵，就会有阻塞不畅，分散拖拉的窘状，那样恐怕写不出好的句子。"

昆曲《牡丹亭》中的杜丽娘与柳梦梅

学生励志名人馆

曹雪芹——可怜红楼梦中人

箴言

假作真时真亦假，无为有处有还无。

清代画家改琦笔下的贾宝玉和林黛玉

■ 福祸生死皆无常，贫贱富贵多变故

曹雪芹的一生，是戏剧的一生，是悲剧的一生。曹雪芹家世显赫，他的曾祖父曹玺任江宁织造，曾祖母孙氏做过康熙帝玄烨的奶妈，祖父曹寅做过康熙皇帝的伴读和御前侍卫，后任江宁织造，兼任两淮巡盐监察御使，极受康熙宠信。康熙六下江南，其中四次由曹寅负责接驾，并住在曹家。曹寅的两个女儿均被选为王妃。康熙五十一年（1712年）曹寅病故，其子曹颙、曹頫先后继任江宁织造。他们祖孙三代4人担任此职达60年之久。曹雪芹自幼就过着富贵奢华、锦衣玉食的生活。

雍正初年，由于受封建统治阶级内部政治斗争的牵连，曹家遭受一系列打击。曹頫以"行为不端""骚扰驿站""亏空"的罪名被革职并下狱治罪，家产也被全部抄没。曹雪芹随着全家迁回北京居住。曹家从此一落千丈，一蹶不振，日渐衰微。

由辉煌的天堂跌入黑暗的地狱，经历了生活中的重大转折的曹雪芹深感世态炎凉，对封建社会有了更清醒、更深刻的认识。他蔑视作威作福的权贵，远离伴君如伴虎的官场，过着贫困如洗的艰难日子。

晚年，曹雪芹移居北京西郊，生活更加穷苦、窘迫。艰难困苦没有摧垮曹雪芹的意志，他以坚韧不拔的毅力，专心致志地从事《红楼梦》的写作和修订。乾隆二十七年（1762年），曹雪芹的幼子夭亡，使他陷入极度的悲痛之中，一病不起。到

○ 曹雪芹（约1715—1763或1764），名霑，字梦阮，号雪芹、芹圃、芹溪，清代著名小说家。满洲正白旗人，出身于一个"百年望族"的大官僚地主家庭，自曾祖起，三代任江宁织造，后家道中落，饱尝了世事的辛酸。在人生的最后阶段，他以坚韧不拔的毅力，历经十年创作了《红楼梦》，死后遗留《红楼梦》前80回稿子。

了乾隆二十八年（1763年）与乾隆二十九年（1764年）之交的除夕，终于因贫病交加、无钱医治而逝世。

■ 文学巨著《红楼梦》

曹雪芹的祖父曹寅工诗词、善书法，是当时著名的藏书家。曹雪芹从小深受祖父文学、艺术的熏陶，工诗善画，多才多艺。家道衰落，迁居北京西郊后，他呕心沥血，披阅十载，增删五次，创作出"满纸荒唐言，一把辛酸泪"的《红楼梦》。

《红楼梦》以宝玉、黛玉的爱情悲剧为主线，以贾、史、王、薛四大家族由鼎盛走向衰亡的历史为暗线，揭露了封建社会的阶级压迫、等级制度的罪恶以及封建贵族的寄生腐朽、荒淫糜烂的生活，对封建科举制度、婚姻制度、等级制度进行了深刻的批判和鞭笞。

书中描写了贾宝玉和林黛玉为争取爱情自由、婚姻自主和个性解放同封建制度、封建礼教进行不屈不挠的斗争，最后以宝、黛对封建制度、封建礼教的彻底背叛和宝、黛、钗的爱情悲剧而告终。林黛玉为爱情流尽最后一滴眼泪含恨而死，只可怜"香魂一缕随风散，愁绪三更入梦遥"。薛宝钗虽成了荣国府的"二奶奶"，却没有赢得真正的爱情，只落得"独守空房心凄凉，终生孤苦泪茫茫"。贾宝玉终于在高中乡魁之时离弃"温柔富贵乡"而遁迹空门，正所谓"锦绣荣华已消尽，可怜红楼梦中人"。

清代画家孙温笔下的《红楼梦》

曹雪芹以曲折隐晦的表现手法、凄凉深切的情感格调、强烈高远的思想底蕴，造就了这部传世巨著，达到中国古典小说的高峰。《红楼梦》在中国古代民俗、封建制度、诗词书画、建筑金石等各领域皆有不可替代的研究价值，被誉为"中国封建社会的百科全书"。

学生励志名人馆

鲁迅——以笔为武器的文学斗士

文学斗士鲁迅，摄于1936年

箴言

唯有民魂是值得宝贵的，唯有它发扬起来，中国才有真进步。

鲁迅（1881—1936），原名周树人，字豫才，浙江绍兴人。中国现代著名的文学家、思想家、革命家、政治评论家，新文化运动的重要领导人。弃医从文，希望通过文学改变国民精神，著作以小说、杂文为主，代表作有《狂人日记》《阿Q正传》《孔乙己》《论雷峰塔的倒掉》等。

■ 少年鲁迅出妙对

鲁迅先生也是写对联的好手。鲁迅少年时天资聪慧、勤奋好学。在"三味书屋"上私塾时，先生寿镜吾曾教他们学对对子。先生出了上联"独角兽"，让学生们对下联。塾房立刻活跃起来，有的孩子对出"九头鸟"，有的孩子对出"三脚蟾"，有的孩子对出"百足蟹"等，唯独周樟寿（鲁迅小时原名）一语不发，等大家都安静下来之后，他站起来对出"比目鱼"。

课堂立时悄然，没有再应对的了。先生寿镜吾在一一评论了前者之后，称赞周樟寿对得最好。因为"独非数字却有一"，而"比"也非数字，却相当于"二"。两者虽俱无数字却都有数的含义，对得恰到好处。

■ 弃医从文，唤醒睡狮

鲁迅早年在日本仙台医学专科学校学医。当时正值日俄战争，学校经常放一些关于日俄战争的纪录片。一次，教室里放映了一部片子，一个被说成是俄国间谍的中国人，即将被手持钢刀的日本士兵砍头示众，而许多站在周围观看的中国人，虽然和日本人一样身强体壮，但个个无动于衷，神情麻木。

这时身边一名日本学生说："看这些中国人麻木的样子，就知道中国一定会灭亡！"鲁迅听到这话忽地站起来，向那个说话的日本学

生投去不屈的目光,他昂首挺胸地走出教室,心里像大海一样汹涌澎湃。一个被五花大绑的中国人,一群麻木不仁的看客——在他的脑海闪过,他认识到精神上的麻木比身体上的虚弱更加可怕,现在中国最需要的是改变国人的精神面貌。

他终于下定决心,弃医从文,用笔写文唤醒中国人,唤醒这头沉睡的东方雄狮。从此,鲁迅以手中的笔作为武器,写出了《呐喊》《狂人日记》等众多作品,向黑暗的旧社会发起了挑战,唤醒数以万计的中华儿女起来斗争。他夜以继日地写作,直到生命的最后一刻。

发表在1918年5月15日4卷5号《新青年》上的《狂人日记》,现藏于北京鲁迅博物馆

■ 文坛巨星的陨落

1936年10月19日,鲁迅先生因肺结核在上海逝世,走完了他伟大的、光辉的、短暂的、奋斗的一生。

鲁迅先生生前曾立下极其低调而平实的遗言:一、不得因为丧事,收受任何人的一文钱。但老朋友的,不在此例。二、赶快收敛,埋掉拉倒。三、不要做任何关于纪念的事情。四、忘记我,管自己生活。倘不,那就真是糊涂虫。五、孩子长大,倘无才能,可寻点小事情过活,万不可去做空头文学家或美术家。六、别人应许给你的事物,不可当真。七、损着别人的牙眼,却反对报复、主张宽容的人,万勿和他接近。

新中国开国领袖毛泽东对鲁迅先生一生的卓著功绩和战斗精神作了最充分的肯定和评价:"鲁迅是中国文化革命的主将……鲁迅的骨头是最硬的,他没有丝毫的奴颜和媚骨。这是殖民地半殖民地人民最宝贵的性格。鲁迅是在文化战线上,代表全民族的大多数,向着敌人冲锋陷阵的最正确、最勇敢、最坚决、最忠实、最热忱的空前的民族英雄。鲁迅的方向,就是中华民族新文化的方向,就是新生命的方向。"

林语堂——幽默大师

箴言

一个人彻悟的程度，恰等于他所受痛苦的深度。

幽默大师林语堂

林语堂（1895—1976），原名和乐，后改名玉堂，又改语堂，福建省龙溪县人。现代散文家、小说家，曾留学美国、德国，获哲学博士学位。曾是鲁迅主持的《语丝》撰稿人，还创办了《论语》《人间世》《宇宙风》等刊物，提倡"以自我为中心，以闲适为格调"的小品。代表作有小说《京华烟云》《风声鹤唳》和英文著作《吾国与吾民》等。

■ "给"与"受"成就伉俪情深

1919年1月9日，林语堂与厦门鼓浪屿廖家的二小姐廖翠凤结婚。廖家是当地首屈一指的富豪之家，廖翠凤的母亲嫌林语堂家里穷，不同意女儿嫁给这个基督教牧师的儿子，但廖翠凤却说："贫穷算不了什么。"这句话成就了林语堂与她的婚姻。

结婚后，林语堂征得妻子同意，将结婚证书烧掉了，他认为结婚证书只有离婚才用得上，烧掉结婚证书，表示他们永远相爱、白头偕老的决心。婚后不久，林语堂携妻子到美国哈佛大学留学。留学期间，他们的生活非常艰苦，经济特别困难时，廖翠凤只得变卖首饰以维持生活。林语堂曾经说过："只有苦中作乐的回忆，才是最甜蜜的回忆。"那时他们常常从图书馆借回一些图书，守在灯下相对夜读，共同探讨，非常幸福快乐。在他们心目中，根本就没有"穷苦"两字。

1969年1月9日，在两人结婚五十周年之际，林语堂把一枚金质胸针送给了廖翠凤，上面铸了"金玉缘"三字，并镌刻了不朽名诗《老情人》。有人曾问林语堂夫妇半个世纪"金玉缘"的秘诀，他们的回答只有两个字，"给"与"受"。

■ 著作丰富，英文作品成就颇高

林语堂中国古典文学功底扎实，英文造诣也很高。他一生笔耕不辍，留下了数量颇丰且涉猎颇广的中英文著作。

林语堂的中英文作品质量都很高，而风格截然不同。他的中文著作多为各种形式的杂文，笔锋犀利刚劲，见解深刻；言辞恣意酣畅，不拘一格；行文随心所欲，无所拘泥，痛快淋漓处让人喝彩，幽默诙谐处使人忍俊不禁，真情流露处令人为之动容，嬉笑怒骂间发人深省。他的英文小说《京华烟云》以纯正的英文讲述现代中国社会风云变幻的故事，英文传记《武则天传》《苏东坡传》讲述了中国历史上著名的风云人物。《吾国与吾民》《生活的智慧》等英文作品则着力于对中国文化传统的介绍和对中国社会现象以及民族特性的分析与探讨。他在翻译领域也有所涉猎，以流畅优美的英文翻译了《浮生六记》等文言作品。

林语堂晚年的心愿是编写一套汉英辞典，将毕生所学凝聚其中，以供后人之用。为此，他倾注了大量心血，终于在七十七岁高龄完成了他最重要的作品之一——《当代汉英词典》。

■ 幽默的演讲

林语堂旅美期间，纽约某林氏宗亲会曾邀请林语堂演讲，希望借此宣扬林氏祖先的光荣事迹。这种演讲吃力不讨好，如果不说些夸赞祖先的话，同宗会心中不快；若是太过吹嘘，又有失学者风范。才思敏捷的林语堂不慌不忙地上台说："我们林姓的始祖，据说忠臣有商朝的比干，这在《封神榜》里提到过，英勇的有《水浒传》里的林冲，旅行家有《镜花缘》里的林之洋，才女有《红楼梦》里的林黛玉。另外还有美国大总统林肯，独自驾飞机飞越大西洋的林白，林姓家族可说是人才辈出……"

林语堂这一段简短的演讲，令台下的宗亲鼓掌叫好。然而，我们细细体会，就会发现他所谈的要么是小说中虚构的人物，要么是与林氏毫无关系的美国人，既满足了林氏宗亲的要求，又没有吹捧祖宗，幽默喜感，不愧为中国的"幽默大师"。

■ 为研发中文打字机倾家荡产

在林语堂生活的那个时代，中文检字技术不够发达，学术界普遍不满意康熙字典的部首检字法，林语堂也深有感触，于是斥资购置设备，坚持不懈地一试再试，全心研究中文检字法则，历经"汉字索引制""汉字号码索引法""国音新韵检字""末笔检字法""上下形检字法"等，终在1947年，发明了"明快中文打字机"，这架打字机高9英寸，宽14英寸，深18英寸，储有7000字（常用的汉字约5000字），并于1952年获美国专利。此外，他还研发了中文字形编码与键盘。

但也正是由于研发这架打字机，导致林语堂倾尽家财、负债累累。

"上下形检字法"后来也用于林语堂编著的《当代汉英词典》，并曾授权给神通电脑公司作为其中文电脑的输入法，神通称其为"简易输入法"。

徐志摩——风一样的浪漫诗人

箴言

友情是愉快,是爱,是再不畏虑,是不再受孤寂的侵凌。

浪漫诗人徐志摩

徐志摩(1897—1931),原名章垿,浙江海宁人,现代诗人、散文家,曾留学欧美,先后在美国哥伦比亚大学、英国剑桥大学攻读政治、经济学,获硕士学位。1921年开始写诗。他的诗作字句清新、韵律和谐、比喻新奇、想象丰富、意境优美、神思飘逸、富于变化,具有鲜明的艺术个性,为"新月派"的代表诗人。

■ 家道殷实,亲友显赫

徐志摩出生于浙江海宁的一个富裕家庭,父亲徐申如拥有一座发电厂、一座梅酱厂、一间丝绸庄,在上海还有一家小钱庄,又是硖石商会会长。作为徐家长孙独子,徐志摩从小过着舒适优越的富家子弟生活。

徐志摩在北方求学和留学英美期间,交友广泛,结识了胡适、梁启超、郁达夫、沈从文、罗素、泰戈尔、曼斯菲尔德等社会名流兼文化名人。长辈与他亦师亦友,同辈与他亲密无间。熟识徐志摩的人都称赞他的性格品行,说他天真挚诚、不计名利、热情无私、活泼风趣。

在这些显赫的名流大家的影响下,徐志摩创作了《再别康桥》等许多传世名篇。他的诗作深受西方文化的熏陶和浪漫主义、唯美派的影响,风格欧化,流动着内在的韵律和节奏,情感真挚充沛。徐志摩是20世纪20年代末到30年代盛极一时的"新月派"主将。

■ 追求浪漫爱情

徐志摩在婚姻的低潮期写下名篇《我不知道风是在哪一个方向吹》,其实他一生的风基本来自三个方向,就是三个性格完全不同的女性:元配夫人张幼仪、神魂之交林徽因、柔艳之妻陆小曼。像许多抒情诗人一样,女性是徐志摩灵感的源泉,也是他悲剧的根源。

1915年,由于家庭包办,徐志摩把从未谋面的张幼仪娶进了门。他把这桩"无爱的婚姻"视为束缚,加上在英国念书时结识了林徽因,为她出众的才华与美丽所倾倒,更促使他决心与张幼仪离婚。

1922年3月,徐志摩与张幼仪在柏林离婚,还写下《笑解烦恼结》一诗送给张幼仪,痛斥封建礼教后说:"此去清风白日,自由道风景好。"

这时徐志摩的"烦恼结"已系在了林徽因身上。林徽因秀外慧中,是有名的才女,其父林长民也是社会名流。她与徐志摩相识时只有17岁,两人虽然相知很深,但林徽因最后还是嫁给了梁启超之子、后来的著名建筑学家梁思成,他们的姻缘也被传为一段佳话。从此林徽因成为徐志摩梦中可望而不可及的一个完美身影。

徐志摩完美的现实追求终落在社交名媛陆小曼身上。陆小曼与徐志摩相恋时已是有夫之妇,两人的恋情成为当时最轰动的社会新闻之一。他们在经受了许多痛苦折磨后终成眷属,但婚礼上还是遭到证婚人梁启超声色俱厉地训斥。

婚后的徐志摩并非进入了天堂,他父亲始终不承认陆小曼这个儿媳,在经济上与他们一刀两断。而陆小曼整日沉浸在上海的社交场上,她挥金如土的生活习惯让收入不菲的诗人入不敷出,招架不住。

在种种矛盾中,徐志摩形容自己的创作陷入了"穷、窘、枯、干"的境地。他后来去北平教书,而陆小曼坚持留在上海。于是徐志摩只得经常在平、沪两地奔波,"总想飞"的诗人还特别喜欢乘坐当时并不普及的交通工具——飞机。

1931年11月19日,徐志摩搭乘"济南"号邮机从南京飞往北平,去参加林徽因为外国使者举办的中国建筑艺术的演讲会。不料天有大雾,飞机在济南开山上空撞山炸毁,两位机师与徐志摩全部遇难。这位风一样的男子年仅35岁便英年早逝了。

不知道风是在哪一个方向吹

我不知道风
是在哪一个方向吹——
我是在梦中,
在梦的轻波里依洄。

我不知道风
是在哪一个方向吹——
我是在梦中,
她的温存,我的迷醉。

我不知道风
是在哪一个方向吹——
我是在梦中,
甜美是梦里的光辉。

我不知道风
是在哪一个方向吹——
我是在梦中,
她的负心,我的伤悲。

我不知道风
是在哪一个方向吹——
我是在梦中,
在梦的悲哀里心碎!

我不知道风
是在哪一个方向吹——
我是在梦中,
黯淡是梦里的光辉。

朱自清——宁廉洁正直以自清

箴言

一个高中文科的学生,与其囫囵吞枣或走马观花地读十部诗集,不如仔仔细细地背诵三百首诗。

朱自清(1898—1948),原名自华,后改为自清,字佩弦,号秋实,笔名余捷、知白等。江苏扬州人,原籍浙江绍兴。现代著名诗人、散文家、民主战士。作品有散文集《背影》《你我》《荷塘月色》《匆匆》诗集《踪迹》和文艺论著《论雅俗共赏》等。

■ 清贫不敌读书乐

朱自清在中学时代就极喜欢读书。当时家里每月给他1元零花钱,他大部分都交给家乡的一家广益书局了。他常从那里租书或买书来读,而且还常常欠账。引发他对哲学产生兴趣的《佛学易解》,就是从这家书局读到的。

后来朱自清到北京大学攻读哲学,更加喜欢佛学方面的书籍了。当时佛经一类的书籍多在卧佛寺、鹫峰寺一带,他曾在一个阴沉的秋日午后到寺里面买了《因明入正理论疏》《大乘百法明门论》《翻译名义集》等书,那时街上只有朱自清一人。后来他还在文章中回忆说:"这股傻劲儿回味起来颇有意思。"

1920年,是朱自清在大学的最后一年。一次,他到琉璃厂去逛书店,在华洋书庄见到一部新版的《韦伯斯特大字典》,定价14元。这笔钱对正在读书的朱自清来说不是个小数目,他手头没有这么多钱,可又实在舍不得这本书,思来想去,只好当掉自己一件还值点钱的皮大氅。

以散文著称的文学家朱自清

这件大氅是父亲在朱自清结婚时为他做的,水獭领,紫貂皮。大氅虽样式有点土气,领子还是两副"马蹄袖"拼凑起来的,可毕竟是皮衣,在制作的时候父亲还很费了些心力。但他当时实在太想买那本大字典,又想到将来有钱准能将大氅赎回,便在踌躇许久后,毅然将它拿到当铺当了14元。拿上钱,朱自清马上去把那本《韦伯斯特大字典》抱了回来。遗憾的是,那件费了父亲许多心力制作的大氅,却终究没能赎回来。

朱自清热爱文学、渴求知识，生活如此清贫却也阻挡不住对读书的渴望。就是在这种情况下，朱自清最终成长为闻名世界的文学大家。

■ 严谨的治学态度

朱自清为了勉励自己在困境中不丧志、不灰心、保持清白，便取《楚辞·卜居》"宁廉洁正直以自清"中"自清"两字，改名"朱自清"。

朱自清在西南联大教书时对学生热情鼓励，但并不轻易称许，往往为一个问题会与学生争得不可开交。他曾风趣地对学生说："你们不易说服我，我也不易说服你们，甚至我连我的太太也说服不了，虽然民主的精神在于说服。"

清华大学荷塘旁的朱自清塑像
（摄影：周琳墨）

朱自清对教学十分认真，甚至对学生的作业格式都有具体规定：作业本第一页要空下来，把一学期作文题目依次写下，并注明起讫页数，以便查阅。

朱自清在治学上严肃认真，从不滥竽充数。1934年应郑振铎之邀赶写了一篇《论逼真与如画》，其材料依据《佩文韵府》，因来不及检查原书，就在文章后面写明是"抄《佩文韵府》"。

朱自清在《荷塘月色》中写月下漫步时听到了蝉声，一位叫陈少白的读者对夜晚听到蝉声的事提出质疑，他说蝉在夜晚是不叫的。朱自清对此十分重视，专门向昆虫学家请教，还专门几次在夏夜里漫步荷花池边，听闻是否有蝉鸣声。几次都听到了蝉叫声，他才如释重负。朱自清严谨治学的态度，表现出他强烈的社会使命感和责任心。他孜孜不倦、精益求精、认真严谨的治学态度，堪称楷模，为世人所称道。

老舍——人民艺术家

箴言

骄傲自满是我们的一座可怕的陷阱;而且,这个陷阱是我们自己亲手挖掘的。

▲ 人民艺术家老舍

老舍(1899—1966),满族正红旗,原名舒庆春,字舍予,老舍是他最常用的笔名,另有笔名絜青、鸿来、非我等。中国现代著名作家、剧作家。"文革"期间受到迫害,投湖自尽。代表作品有小说《骆驼祥子》《四世同堂》和话剧《龙须沟》《茶馆》等。

■ 艰难的少年时代

老舍出生于北京西城小杨家胡同一个贫民家庭,父亲是一名守卫皇城的护军,1900年在抗击八国联军的巷战中阵亡。从此,全家依靠母亲给人缝洗衣服和充当杂役的微薄收入生活。

老舍在大杂院里度过清贫的幼年和少年时代。大杂院的日常生活,使他从小就熟悉车夫、手工业工人、小商贩、下等艺人、娼妓等挣扎在社会底层的市井贫民,深知他们的喜怒哀乐和生活的艰辛。

大杂院的生活也使他从小就喜爱市井巷里流传的传统艺术(如曲艺、戏剧等),被它们的魅力所吸引。他在这样的环境中,接受了与中国现代大多数作家不同的生活教育和艺术启蒙。生活中的这些点点滴滴都对他产生极大的影响,并在他的创作中留下了鲜明的、难以磨灭的印记。

■ 走进文学殿堂

由于家境贫寒,老舍一直不能入学读书。直到9岁时,才在一位满族贵族的资助下进私塾读书,3年后,转入新式学堂。1913年,老舍考入北京师范学校,在这里,学杂费、膳宿费用都由国家供给。1918年,老舍以优异成绩在北京师范学校毕业,毕业后任北京公立第十七高等小学校长并兼任国民学校校长。

轰轰烈烈的五四运动的浪潮,把老舍从兢兢业业办学授业、恭恭顺顺侍奉老母、规规矩矩结婚生子的传统人生信条中惊醒,他做出了新的抉择,命运从此发生了转变。

1922年9月，老舍辞去所有职务，到天津南开学校中学部任国文教员。天津南开学校的思想比较进步，以开明新派著称，老舍在那里写下了第一篇新文学习作《小铃儿》。五四运动推动他进一步挣脱封建的、世俗的羁绊，去寻求一种更有意义的生活。

1924年，老舍赴英国伦敦大学东方学院任汉语讲师。在这里，他阅读了大量优秀的、脍炙人口的英文作品，丰富多彩的西方世界和浓烈的思乡之情，将他引入神圣的文学殿堂。他开始进行小说创作，写了《老张的哲学》《赵子曰》《二马》等作品，并于1926年加入文学研究会。老舍在文学事业中找到了值得为之献身的工作和充实的生活。

1929年夏，老舍由法国、德国、意大利、新加坡等国回到祖国。第二年7月，他到济南齐鲁大学任教。1934年，又改任山东大学教授。老舍利用业余时间继续从事小说创作，创作了《猫城记》《离婚》《牛天赐传》《月牙儿》《骆驼祥子》《我这一辈子》等著名作品。

老舍的作品表现出明显的现实主义的特点，并且从语言、笔调到内容、主题，都具有鲜明的艺术个性。他的长篇小说《骆驼祥子》描述了人力车夫祥子坎坷、悲惨的人生遭遇，深刻揭露了旧中国统治阶级对劳动人民的残酷剥削和压迫，是20世纪30年代中国最优秀的作品之一，奠定了老舍在中国现代文学史上的重要地位。《四世同堂》则是在北平沦陷的时代背景下，以祁家四世同堂的生活为主线，形象、真切地描绘了以小羊圈胡同住户为代表的各个阶层、各色人等的荣辱浮沉、生死存亡。《茶馆》是建国后的一部杰出话剧，以茶馆作为社会缩影，透过半个世纪的世事变化，展现出各阶层人民的生活局面。老舍于1950年创作的话剧《龙须沟》，也使他获得北京市人民政府授予的"人民艺术家"称号。

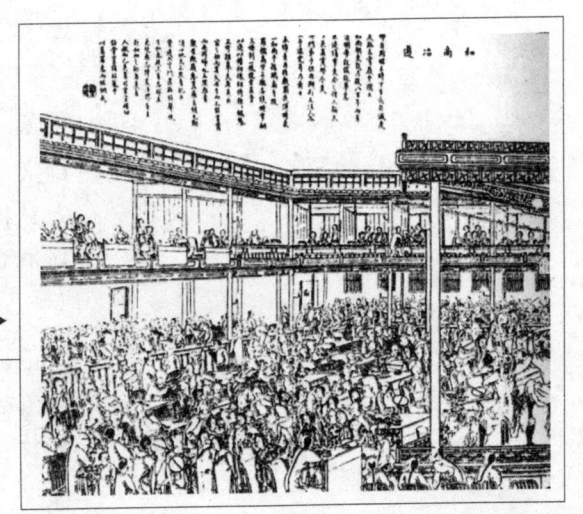

清朝时期的茶馆

学生励志名人馆

巴金——世纪文人

文学大师巴金，摄于1938年

箴言

我爱我的祖国，爱我的人民，离开了它，离开了他们，我就无法生存，更无法写作。

■ 钱就是用来买书的

巴金的兴趣爱好是读书和藏书，他爱书在文化圈是出了名的。他的藏书之多，在当代文人中恐怕无人可及。巴金的书房里装满了书，甚至连汽车库、储藏室、阁楼上、楼道口、阳台前、厕所间、客厅里、卧房内也曾经到处是书，简直称得上是一个家庭图书馆。

藏书多，自然买书多。巴金在法国留学时生活艰难清苦，省吃俭用，用余下来的钱买自己喜爱的书。有了稿费收入，自然更要买书。"一·二八"事变时，日本侵略军的无情炮火摧毁了他的住处，收藏的书也随之被毁。

图书被毁，就再买，慢慢地，巴金的书又积累起来。他去日本小住，就买了许多英文、日文书籍带回来。对于名家作品他也会不遗余力地搜集各种译本。通过几年积累，他住的屋几乎又放满了书。

1949年上海解放前夕，巴金一家的生活已很拮据，夫人萧珊只能从菜市场买来廉价的小黄鱼和青菜，用盐腌起来，晾干，每天取出一点，就算全家有了荤腥蔬菜吃。这两种菜，竟然支撑了全家半年的伙食。

○ 巴金（1904—2005），原名李尧棠，"巴金"是他1929年发表《灭亡》时使用的笔名。现代文学家、出版家、翻译家。代表作有"激流三部曲"《家》《春》《秋》，"爱情三部曲"《雾》《雨》《电》和《随想录》等，巴金是现代中国著名的语言艺术大师，被人们称为"世纪老人"。

一天傍晚，巴金气喘吁吁地提着两大包刚买的书，迈着沉重的步子吃力地爬着楼梯。萧珊迎上去对着满头大汗的巴金问道："又买书了？"巴金回答道："嗯，当然要买书了。"向来十分尊重丈夫的萧珊忍不住说："家里已经没有钱了。"巴金也不问家里到底还有多少钱，日子能不能过下去，就说道："钱，就是用来买书的。都不买书，写书人怎么活啊？"

第二天，他又带着孩子们去逛书店了。

■ 对自己和作品要求严苛

20世纪80年代中后期，人民文学出版社打算出版《巴金全集》，便派人与巴金商榷此事。起初，巴金不同意，编辑王仰晨几次到上海做说服工作才打动了他。巴金当初为何不同意出版《巴金全集》呢？因为，他认为他的作品50%都不合格，是废品。

巴金对自己的作品要求严格苛刻。他说，《死去的太阳》是一篇毫不成熟的幼稚之作，第五卷中的《利娜》，严格地说还不是创作。他认为以矿工生活为题材的《砂丁》和《雪》都是失败之作，虽然他在长兴煤矿住过一星期感受生活，但是对矿工的生活，了解的还只是皮毛。他说《火》也是失败之作，所以在编选《巴金全集》时，也没有把它们收进去。巴金说："我不掩盖自己的缺点。但写一个短篇，不一定会暴露我的缺点。写中篇、长篇那就不同了，离不了生活，少不了对生活的感受。生活不够，感受不深，只好避实就虚，因此写出了肤浅的作品。"

■ "感动中国"的世纪文人

巴金曾说："我不是艺术家，也不是文学家，更不是什么大师。我只是用笔作武器，靠作品生活，在作品中进行战斗。我经常战败，倒下去，又爬起来，继续战斗。"

2003年，巴金获选"感动中国"十大人物。"感动中国"给他的颁奖词是："穿越一个世纪，见证沧桑百年，刻画历史巨变，一个生命竟如此厚重。他在字里行间燃烧的激情，点亮多少人灵魂的灯塔；他在人生中真诚地行走，叩响多少人心灵的大门。他贯穿于文字和生命中的热情、忧患、良知，将在文学史册中永远闪耀着璀璨的光辉。"

■ 被遥望的巴金星

1999年，北京天文台施密特CCD小行星项目组以8315号小行星发现者的身份向国际小行星中心申报，这是1997年11月25日在中国河北省承德市兴隆县发现的一个主带小行星，经国际天文联合会下属的小天体命名委员会的批准，该小行星被命名为"巴金星"。

学生励志名人馆

钱锺书——博学多才的『智慧熔炉』

箴言

天地间有许多景象是要闭了眼睛才看得见的，譬如梦。

钱锺书先生，大约摄于20世纪40年代

钱锺书（1910—1998），江苏无锡人，原名仰先，字哲良，后改名锺书，字默存，号槐聚，著名作家、现代文学研究家，通晓多种外文。代表作品有《写在人生边上》《人、兽、鬼》《围城》《管锥编》等。

■ 书香门第，学识渊博

钱锺书出生于书香门第，幼承家学，天资过人，他的天赋主要表现在文学上。他喜好古经典籍，想象丰富，对数、理、化深恶痛绝。

钱锺书的英语成绩很好。他所在的中学是美国圣公会办的教会学校，大部分课程都是用英文讲授。但是他从不认真地上英语课，也不看英语教科书，上课也不记笔记，而是低头看英文原版小说。可以说他的英文几乎完全靠自学，这充分展现出他卓越的英文天赋。1929年，钱锺书报考清华大学时，数学成绩仅得15分，但因国文、英文成绩突出，其中英文更是获得满分，被清华大学外文系破格录取。

钱锺书深入研读中国的史学、哲学、文学经典，同时也不曾间断对西方新旧文学、哲学、心理学的研究。学识渊博的他著有多部享有声誉的学术著作，散文和小说也很出色，特别是长篇小说《围城》，更可谓是家喻户晓、妇孺皆知。有人曾赞叹钱锺书的著作内容之渊博，思路之开阔，联想之活泼，想象之奇特，实属人类罕见。台湾著名作家、诗人余光中也曾评价说："钱氏于中文一面，文言文、白话文皆精，可谓集古今中外学问之智慧熔炉。"

珠联璧合，文坛伉俪

1932年杨绛与钱锺书在清华大学相识，两人一见如故，谈起家乡，谈起文学，兴致大增。文学上的共同爱好和追求，性格上的互相吸引和心灵的默契交融，让钱锺书与杨绛走到了一起。两人都来自无锡有名的书香世家，钱锺书的父亲钱基博与杨绛的父亲杨荫杭都是无锡的名士，被大教育家张謇誉为"江南才子"，正可谓是"门当户对，珠联璧合"。

婚后，两人相敬如宾、相互扶持，为中国的文学事业做出了杰出贡献。钱锺书曾在《围城》序中写道："这本书整整写了两年。两年里忧世伤生，屡想中止。由于杨绛女士不断的催促，替我挡了许多事，省出时间来，得以锱铢积累地写完。照例这本书该献给她。"

钱锺书先生的妻子杨绛女士，摄于1941年

幽默智慧，淡泊名利

钱锺书幽默乐观，淡泊名利，是生活中的智者。

1966年的"文化大革命"使钱锺书和杨绛先后被打成"牛鬼蛇神"。在那些苦难的日子里，钱锺书还保持着一份少有的幽默。比如被迫剃了"阴阳头"，别人会觉得受了莫大的侮辱，而钱锺书却说："小时候老羡慕弟弟剃光头……果不其然，羡慕的事早晚会实现。"

1991年，全国18家省级电视台联合拍摄《中国当代文化名人录》，要拍钱锺书，却被他婉拒。别人告诉他会有很多的酬金以及曝光率。他却淡淡一笑："我都姓了一辈子'钱'了，还会迷信这东西吗？"

很多人从各地甚至国外慕名来拜访钱锺书，而他却常常闭门谢客，避之不及。有位英国女士打电话说非常喜欢他写的文章，想到家中拜见他。他说："假如你吃了一个鸡蛋觉得不错，又何必要认识那只下蛋的母鸡呢？"

金庸——世界第一侠笔

■ 书香子弟入武侠世界

金庸出生在浙江省海宁县袁花镇一个富有的书香门第,其祖辈查慎行与查升是康熙年间的著名诗人,祖父查文清是清光绪丙戌年进士,表兄是著名诗人徐志摩。

海宁查家藏书丰富,家学渊博,在浙西一带十分有名。洋溢的书香,熏陶着年幼的金庸,他很小便会识字读书,阅读经典,不到10岁,所涉猎的书籍已相当广泛。

一天,他翻阅藏书时,无意中看到一本"新文派"始祖、言情小说家顾明道写的武侠小说《荒江女侠》,连看了几天后,金庸拍案叫绝:"想不到世上还有这么好看的书。"当时金庸只有八九岁。从此以后,金庸到处搜罗武侠小说,想一睹为快。武侠小说家平江不肖生的《江湖奇侠传》给他留下了深刻的印象。《侦探世界》杂志连载的清末民初武林真人真事《近代侠义英雄传》也让金庸对武侠更加痴迷崇拜。

金庸的求学之路十分坎坷。1937年金庸就读浙江省立嘉兴中学,刚读完一年级,日军就攻到浙江,金庸进入由杭州、嘉兴、湖州合并的省立联合中学初中部继续学习,后来升入高中部,因写讽刺训导主任的文章被开除,转入浙江衢州中学。1944年他考入中央政治大学外交系,因对国民党职业学生不满投诉被勒令退学。1945年金庸辗转突破日军三道防线求学长沙国立湖南大学而被拒,1946年赴上海东吴法学院修习国际法课程。这一时期金庸没有家人的接济,曾一度靠政府发放的公费度日,四处颠沛。正是这段经历,给金庸日后的武侠创作提供了素材和灵感。

▲ 浙江桃花岛上的金庸铜像

箴言

草木竹石皆可为剑!

金庸,1924年生,本名查良镛,当代知名武侠小说作家、评论家。1955年,金庸偶试身手,写出第一部武侠小说《书剑恩仇录》,一举成名。金庸作为一个"神话"由此诞生。金庸有两支笔:一支是写武侠小说的"世界第一侠笔",另一支是写社评的"香港第一健笔"。香港市民喜欢看他的社评,连国共两党政要、美国国务院也剪辑他的社评,作为资料加以研究参考。1972年,金庸挂印封笔,退出侠坛。

■ 百科全书式的武侠文学

金庸是香港《明报》的创办人，还创作了"飞雪连天射白鹿，笑书神侠倚碧鸳"和《越女剑》15部武侠小说。金庸小说继承古典武侠小说精华，开创了形式独特、情节曲折、描写细腻且深具人性和豪情侠义的新派武侠小说先河，深受读者欢迎。他常在小说惊心动魄的打斗中插入琴棋书画、佛经道藏、音乐戏曲，随意挥洒，异彩纷呈，使人在触目惊心的震撼中得到宁静心怡。金庸的武侠故事里呈现了中国文化中最雍容最美好的部分：儒的至大至刚，道的恬淡无为，佛的悲天悯人。那些侠骨柔情的英雄气概，重信然诺的君子风度，快意恩仇的人生境界，使我们身处俗世的灵魂得到荡涤与升华。

金庸文学，博大精深，包罗万象，大至天文宇宙、国家世界、历史文化、地理环境，小至衣食住行、渔樵耕猎、民俗俚语、树木花草，每一处描写都有迹可循。我们可随书中人物穿越时空，回顾历史；也可到江南塞北、中原西域、大漠草原、少林武当、峨眉华山领略祖国山川的雄伟壮阔；感受梅兰竹菊的君子清高、琴棋书画的隐士风雅；鄙弃王公贵族的骄奢淫逸、声色犬马；怜悯流浪乞丐的衣不蔽体、食不果腹……金庸文学，既有高深莫测、已臻化境的武功，又有源远流长、博大精深的文化。金庸文学，既是对百科知识的概括总结，又是馈赠给我们宝贵的精神财富，更是对中国传统文化的传承和发扬。

> **扩展阅读**
>
> ▶ 镛与金庸
>
> 当年金庸与梁羽生订下武侠小说之约时，曾想过笔名的问题。后来决定把自己名字的"镛"字一分为二，成为"金庸"，这就成为了他的笔名。（此事在金庸于2007年出版的《金庸散文》中亦有提到）

> **扩展阅读**
>
> ▶ 在《鹿鼎记·后记》中，金庸曾把所创作的15部小说中的14部（1970年的《越女剑》未入）名称的首字联成一副对联：飞雪连天射白鹿，笑书神侠倚碧鸳。读起来浑然天成。这14部小说分别为：
>
> 《飞狐外传》（1960年）
> 《雪山飞狐》（1959年）
> 《连城诀》（1963年）
> 《天龙八部》（1963年）
> 《射雕英雄传》（1957年）
> 《白马啸西风》（1961年）
> 《鹿鼎记》（1969–1972年）
> 《笑傲江湖》（1967年）
> 《书剑恩仇录》（1955年）
> 《神雕侠侣》（1959年）
> 《侠客行》（1965年）
> 《倚天屠龙记》（1961年）
> 《碧血剑》（1956年）
> 《鸳鸯刀》（1961年）

莫言——中国获诺贝尔文学奖第一人

箴言

当时光碾过青春，我将以快乐注解悲伤。

莫言（1955—），本名管谟业，祖籍山东高密，中国当代著名作家。他自1980年代以一系列充满着"怀乡"以及"怨乡"的复杂情感的乡土作品崛起，被归类为"寻根文学"作家。2012年获诺贝尔文学奖，同年获"2012中华文化人物"称号。

《蛙》之问鼎诺贝尔文学奖

2012年北京时间10月11日19时，瑞典文学院评奖委员会宣布，获得该年诺贝尔文学奖的是中国作家莫言和他的长篇小说《蛙》。莫言成为首位获此殊荣的中国籍作家。

瑞典文学院评奖委员会这样评价莫言："中国作家莫言将魔幻现实主义与民间故事、历史与当代社会融合在一起，他创作中的世界令人联想起福克纳和马尔克斯作品的融合，同时又在中国传统文学和口头文学中寻找到一个出发点。""从历史和社会的视角，莫言用现实和梦幻的融合在作品中创造了一个令人联想的感观世界。"

高密东北乡走出的乡土作家

莫言生于山东高密，他的童年正值中国的"三年困难时期"，他曾在《饿和孤独是我创作的财富——一个饿怕了的孩子的自述之一》中写道："长期的饥饿使我知道，食物对于人是多么的重要。什么光荣、事业、理想、爱情，都是吃饱肚子之后才有的事情。因为吃，我曾经丧失过自尊，因为吃，我曾经被人像狗一样地凌辱，因为吃，我才发奋走上了创作之路。"

莫言从小就很爱读书，这为他后来从事文学创作打下了基础。12岁时，莫言因"文化大革命"而辍学，从事了长达10年的农村劳动。但他从未停止过读书，无书可读时，连《新华字典》都成了他的宝贝。

1976年"文化大革命"结束，莫言参军，曾在解放军艺术学院和鲁迅文学院研究生班学习。1981年他开始发表小说、诗歌，代表作有《生死疲劳》《天堂蒜薹之歌》《丰乳肥臀》《檀香刑》《透明的红萝卜》《红高粱》《牛》《蛙》等。

莫言是中国新一辈极具活力的作家之一，20世纪80年代以一系列乡土小说、诗歌等文学作品崛起。他的写作风格素以大胆著称，题材敢于涉及敏感的社会现实问题，小说中总是运用充满进攻型的犀利语言，具有强烈震撼人心的冲击力。